Dietmar Grieser

Heimat bist du großer Namen

Inhalt

———

Inhalt

»*Aus allen Fernen tönt zurück sein Ruhm* …«

(Franz Grillparzer in »König Ottokars
Glück und Ende«, 1. Akt)

»*Es ist sehr merkwürdig, daß ein Mensch
in meiner Situation, der doch einiges geleistet hat
für die europäische Kultur, nicht genug zum Leben hat,
und daß kulturelle Dinge im Verhältnis
zu spekulativen, politischen, kriegerischen so gar
keinen Wert plötzlich haben sollen.*«

(Oskar Kokoschka, Sommer 1934,
vor seinem Weggang aus Österreich)

Für Gerlinde und Achim

© 2000 by Amalthea
in der F. A. Herbig Verlagsbuchhandlung GmbH,
Wien · München
Alle Rechte vorbehalten
Umschlaggestaltung: Wolfgang Heinzel
Umschlagmotiv: Felix Weinold, Schwabmünchen
Herstellung und Satz: VerlagsService Dr. Helmut Neuberger
& Karl Schaumann GmbH, Heimstetten
Gesetzt aus der 11/14 Punkt New Caledonia
Druck: Jos. C. Huber KG, Dießen
Binden: R. Oldenbourg, München
Printed in Germany
ISBN 3-85002-447-4

Dietmar Grieser

Heimat bist du großer Namen

Österreicher in aller Welt

Mit 73 Abbildungen

Amalthea

Inhalt

Inhalt

———

Inhalt

Vorwort

Wenn es um den Austausch skurriler Reiseerlebnisse geht, erzähle ich gern die Geschichte von dem Dessert beim Galadiner im Grandhotel Le Touessrok auf Mauritius. Man war beim letzten Gang angelangt, in einem der hellerleuchteten Säle des Restaurants standen die Meisterwerke der Patisserie zum Verzehr bereit. Die Gäste defilierten an den Köstlichkeiten vorüber, nahmen all die Cremes und Crêpes, all die Kompotte, Puddings und Soufflés in Augenschein, weideten sich am Anblick der kunstvoll getürmten Pyramiden aus seltenen Früchten, der üppigen Torten, der in allen Farbtönen schillernden Parfaits und trafen, indem sie dem in strenger Formation bereitstehenden Servierpersonal die entsprechenden Anweisungen gaben, ihre Wahl.

Auch ich reihte mich unter die das Süßspeisenbuffet Inspizierenden ein, ließ mir, um nur ja keinen der vielen Leckerbissen zu übersehen, bei der Besichtigung des Angebotenen reichlich Zeit und entdeckte plötzlich, als ich mit meinem Rundgang schon fast zu Ende war, auf einem der Tabletts ein Gebilde, das mir besonders vertraut vorkam. War das nicht gar eine – Linzertorte? Die typische dunkle Kuchenmasse, die Marmeladeglasur, darüber das obligate Teiggitter – ganz klar: eine Linzertorte.

Doch wie sollte diese typisch österreichische Mehlspeise hierhergelangt sein – hierher auf die dreizehn Flugstunden entfernte Tropeninsel im Indischen Ozean? Ich war sicherlich einer Sinnestäuschung erlegen, tat die Sache fast schon wieder ab und schickte mich an, mich der Kaffeebar zuzuwenden, als mit dem ganzen Liebreiz ihrer Spezies eine der dunkelhäutigen Serviererinnen auf mich zutrat, um mir ihre Assistenz bei der Dessertauswahl anzutragen. Ja und da, auf einmal, wollte ich es ganz genau wissen. Ich deutete also auf das bewußte Tablett und fragte mein Gegenüber, indem ich mich so unwissend stellte wie nur möglich:

»Tell me, honey, what is that?«

Die Antwort kam wie aus der Pistole geschossen:

»This is a Linzer Tart, Sir. Do you want one?«

Es stimmte also. Ich griff zu. Und es war – nebenbei bemerkt – eine der besten Linzertorten, die ich je gegessen habe. Und noch etwas: Ich war einen Moment lang tief bewegt. Eine Art patriotischer Aufwallung schien mich erfaßt zu haben: An diesem so fernen Ort mit einer der traditionsreichsten Errungenschaften aus der Heimat konfrontiert zu werden, verschlug mir die Sprache: Ich war baff.

Ein läppisches Beispiel, gewiß. Aber so sind wir Menschen nun einmal: Es tut uns gut, draußen in der Welt Beweise dafür zu sammeln, daß auch unsereins seinen Beitrag zur Kulturgeschichte geleistet hat – und sei es nur in Gestalt einer Torte.

Um noch wieviel beglückender müßte es da sein, in fernen Weltgegenden auf die Spuren von Landsleuten zu stoßen, die weit weg von der Heimat Großes gewirkt und auf diese Weise Ruhm und Ansehen ihres Herkunftslandes gemehrt haben. Ja, wird nicht dem Österreicher überhaupt nachgesagt, er wisse die Verdienste der Seinen immer erst dann zu schätzen, wenn sie im Ausland errungen und vom Ausland bestätigt worden sind?

Man mag es einem allgemeinen Mißtrauen zuschreiben oder mangelndem Selbstbewußtsein, mag es einen Minderwertigkeitskomplex nennen oder (wie der Kulturkritiker Hans Weigel im Titel eines seiner Österreichbücher) »Flucht vor der Größe«: Fest steht, daß Berühmtheit hierzulande an die Akkreditierung von außen gebunden ist. »Aus allen Fernen tönt zurück sein Ruhm«, läßt Grillparzer in seinem Trauerspiel »König Ottokars Glück und Ende« die Titelfigur verkünden und spielt damit auf das an, was man anderwärts *noch* bombastischer »Weltgeltung« nennt. Wie ist es diesbezüglich um Österreich bestellt?

Das vorliegende Buch will versuchen, auf diese Frage eine Antwort zu geben – und zwar am Beispiel von 40 Namen, die allesamt *eines* gemeinsam haben: Ihre Träger entstammen dem österreichischen (oder auch altösterreichischen) Kulturraum. Aber nicht *dort*, nicht in der *Heimat* haben sie ihre Lebensleistung erbracht, sondern in der *Fremde*.

Ein Thema von so enormem Umfang ist nicht ohne Grenzziehungen zu bewältigen: Ich bitte daher um Verständnis dafür, daß die von mir getroffene Auswahl auf *historische* Beispiele beschränkt bleiben muß. Kein Wort also über die noch *Lebenden*: Der Filmschauspieler Arnold Schwarzenegger, die Skigrößen Anderl Molterer und Pepi Gramshammer, der Chemiker Max Perutz, der Physiker Fritjof Capra, der Kommunikationsforscher Paul Watzlawick, der Maler Gottfried Helnwein, der Regisseur Billy Wilder, die Meisterphotographin Inge Morath, der Vatikanbibliothekar Kardinal Alfons Maria Stickler, der Dirigent Walter Weller, der Jazzmusiker Joe Zawinul, der Großreeder Helmut Sohmen, der Modeschöpfer Helmut Lang, der Entwicklungshelfer Karlheinz Böhm – sie alle ergäben ein eigenes Buch.

Und ein eigenes Buch ergäbe erst recht jene große Zahl

von Auslandsösterreichern, die ihre Heimat *unfreiwillig* verlassen haben. Gemeint ist der verheerende Aderlaß, den Österreich erlitt, als in der NS-Ära ein Großteil seiner intellektuellen und künstlerischen Elite aus dem Land gejagt wurde. Stellvertretend für diese Personengruppe seien der Schöpfer der österreichischen Verfassung, der Rechtsgelehrte Hans Kelsen, der Religionsphilosoph Martin Buber, der Wirtschaftstheoretiker Josef Alois Schumpeter, die Physiker Erwin Schrödinger, Lise Meitner und Walter Kohn, die Komponisten Ernst Krenek, Egon Wellesz und Hermann Leopoldi, der Dirigent Erich Leinsdorf, der Kinderpsychologe Bruno Bettelheim, der Marktforscher Ernest Dichter, die Schriftstellerin Gina Kaus und der Regisseur Berthold Viertel genannt. Ihrem Schicksal und dem ihrer zahlreichen Leidensgenossen gebührt selbstverständlich eine eigene Untersuchung (die es zum Teil bereits gibt).

Wenden wir uns also zunächst *jener* Kategorie von Auslandsösterreichern zu, die im Lauf der letzten zwei Jahrhunderte ihre Heimat *aus freien Stücken* verlassen haben, um draußen in der Welt ihr Glück zu suchen – sei es, weil es ihnen im kleinen Österreich zu eng wurde, weil sie in der Fremde die besseren Chancen für ihr Fortkommen sahen oder einfach weil das Ausland nach ihnen rief.

Zwischen allen Stühlen

Slatin Pascha

Welcher siebzehnjährige Österreicher, der noch nie im Ausland gewesen ist, nur über das bißchen Schulenglisch verfügt und von seinen Eltern nicht einmal das Fahrgeld vorgestreckt bekommt, käme heute auf die Idee, von einem Tag auf den anderen seine Ausbildung an der Handelsakademie abzubrechen, sich nach Ägypten durchzuschlagen und eine Stelle als Buchhändlergehilfe in Kairo anzutreten?

Rudolf Slatin ist eine Abenteurernatur: Als er erkennt, daß er wohl doch nicht für den Kaufmannsberuf taugt, schließt er sich einem in Kairo ansässigen deutschen Konsularbeamten an und durchstreift mit ihm über ein Jahr lang die riesigen Wüstengebiete des unter englischer Hoheitsverwaltung stehenden Nachbarlandes Sudan. Forschungsreisender – ja, das wäre ganz nach seinem Geschmack! Da erreicht ihn aus der Heimat der Einberufungsbefehl, und im September 1876 tritt der mittlerweile Neunzehnjährige beim 12. Feldjägerbataillon der österreichisch-ungarischen Armee seinen Wehrdienst als einfacher Rekrut an.

Als er, 15 Monate darauf zum Reserveleutnant befördert, im Sommer 1878 mit seinem Regiment an der bosnischen Grenze stationiert ist, erreicht ihn Post aus Nordafrika: Sollte die seinerzeit geknüpfte Verbindung zu dem Arzt Dr. Eduard Schnitzer, den der Khedive von Khartum in sein Land geholt und dem Generalgouverneur des Sudan, dem Engländer Charles George Gordon, unterstellt hat, tatsächlich Früchte tragen? Schnitzer teilt seinem Schützling mit, er habe ihn, überzeugt von seinen besonderen Fähigkeiten, dem allmächtigen Gordon empfohlen, und in dessen Stab sei der Posten eines Finanzinspekteurs frei, dem es obliege, das chaotische Verwaltungssystem des Sudan von Steuerwillkür und Korruption zu befreien.

Rudolf Slatin, der als Sohn eines kleinen Wiener Seidenfärbers in der Heimat wenig Zukunft für sich sieht, erkennt die einzigartige Chance, die ihm da geboten wird, und besteigt in Triest das Schiff nach Kairo. Der Abschied von Österreich fällt ihm nicht schwer: Die Eltern sind getaufte Juden, die schon ihrer vielen Kinder wegen nur ein kümmerliches Dasein fristen, auch ist vor einigen Jahren der Vater gestorben.

Rudolf Slatins neues Leben muß ihm selber wie ein Traum vorkommen: Dem Einundzwanzigjährigen, der sich schon zuvor, auf die Frage nach seinem Beruf, gern als »Erforscher der Wildnis« ausgegeben hat, wird an seiner neuen Wirkungsstätte allseits größte Hochachtung entgegengebracht, als dem »Neffen von Gordon Pascha« (wie er auf Grund einer gewissen Ähnlichkeit mit seinem obersten Vorgesetzten genannt wird) öffnen sich ihm alle Türen, bald schon befehligt er, um seinen Auftrag durchführen zu können, eine eigene 300 Mann starke Truppe, und keine drei Jahre später ist er Gouverneur der Provinz Darfur.

Die eigentliche Bewährungsprobe hat Rudolf Slatin allerdings noch vor sich: Im Sudan bricht ein Aufstand fanatischer Moslem-Rebellen rund um den selbsternannten »Wüsten-Messias« Mahdi alias Mohammed Achmed aus. General Gordon, der mit den Regierungstruppen dem blutigen Religionskrieg ein Ende machen soll, wird von den Aufständischen ermordet, sein Adlatus soll das Kommando übernehmen. Um in dieser gefährlichen Situation seine

Mitstreiter auf ihn einzuschwören, ringt sich der junge Österreicher zu einem schweren Entschluß durch: Er tritt zum Islam über. Das Verhängnis ist gleichwohl nicht aufzuhalten: Am 24. Dezember 1883 – in der fernen Heimat werden gerade die Christbäume angezündet – fällt der sechsundzwanzigjährige Rudolf Slatin in die Hände seines Gegners und wird in der inzwischen von den Mahdi-Truppen eroberten Hauptstadt Khartum in Haft genommen. Nicht weniger als elf Jahre wird sie dauern …

Zwar darf er nach einiger Zeit das neun Kilo schwere Fußeisen, mit dem er an seine Kerkerzelle gefesselt ist, gegen Hausarrest tauschen, sogar Dienerschaft und Konkubinen werden ihm gnädig gewährt, und wenn ihn Post aus der Heimat erreicht (die allerdings bis zu 20 Monate

Von der Wiener Handelsakademie in den Kairoer Buchladen: Rudolf Slatin kehrt mit 17 seiner Heimat den Rücken

unterwegs ist), erfährt er, was draußen in der Welt vorgeht: der Tod seiner Mutter, das Drama von Mayerling.

Erst im März 1895 gelingt es, den prominenten Gefangenen aus den Fängen der Derwische zu befreien: Der britische Geheimdienst hat einen abenteuerlichen Fluchtplan ausgearbeitet. 1000 Pfund Belohnung winken jenem arabischen Kaufmann, dem mit Kamel und Führer die 24tägige Gewalttour durch die Wüste, über die Gilif-Berge und über den Nil glückt. In der Offiziersmesse der anglo-ägyptischen Garnison von Assuan wird am 16. März 1895 die wiedererlangte Freiheit gefeiert – mit der von einer schwarzen Militärkapelle intonierten österreichischen Kaiserhymne. Die Weltpresse hat einen neuen Helden, im Palast des Khediven zu Kairo wird Slatin Pascha – so sein nunmehriger Ehrentitel – zum Oberst befördert, der Leipziger Brockhaus-Verlag landet mit »Feuer und Schwert im Sudan« den Bestseller der Saison. Ein zweiwöchiger Besuch in der alten Heimat Österreich gipfelt in einer Privataudienz beim Kaiser, die Weiterreise nach England begründet Slatins Freundschaft mit Queen Victoria, der Sohn eines kleinen Handwerkers aus der Wiener Vorstadt wird Generalinspekteur im Sudan. Und bleibt es bis 1914. Nun aber, wo Österreich-Ungarn und Großbritannien Kriegsgegner sind, will auch Slatin, den Kaiser Franz Joseph in den Ritterstand erhoben hat, seinem Vaterland dienen: Mit der neuen Würde eines »Geheimrats« ausgestattet, tritt er an die Spitze der Kriegsgefangenenhilfe des Österreichischen Roten Kreuzes. Weniger Erfolg ist ihm als Friedensstifter beschieden: Die von ihm eingefädelten Geheimverhandlungen zwischen Wien und London scheitern am Widerstand von Paris und Rom.

Bei Kriegsende in Bern, kann er von seinem Krankenzimmer aus (der Einundsechzigjährige liegt mit Herzschwä-

Befreit aus den Fängen der Derwische: Eine schwarzafrikanische Militärkapelle intoniert zu Ehren Slatin Paschas die österreichische Kaiserhymne

che und schwerer Bronchitis im Spital) Dr. Karl Renner, den Kanzler der provisorischen Regierung, in Fragen der Republikgründung beraten; auch gewinnt er die Alliierten für Lebensmittellieferungen ans hungerleidende Österreich. Und als im Jahr darauf die Friedensgespräche von St.Germain beginnen, gehört Slatin der österreichischen Delegation an. Renners Plan, ihn als neuen Missionschef nach London zu entsenden, scheitert allerdings am Einspruch der Briten: Die ehemalige Wahlheimat läßt den »Verräter« nicht einmal als Privatmann einreisen.

Mit dem Krebstod seiner Frau – Slatin hat am 21. Juli 1914 in der Wiener Votivkirche die 16 Jahre jüngere Baronin Alice von Ramberg geheiratet – bleibt dem müde und alt Gewordenen seine 1916 geborene Tochter Anna Marie fast die einzige Freude: Gestützt auf eine Pension der sudanesischen Regierung, die Tantiemen aus seinem Memoirenwerk und eine ansehnliche US-Erbschaft, bezieht er seinen Alterssitz: Villa Mathilde im vornehmen Meraner Ortsteil Obermais.

Drei Höhepunkte sind Slatin Pascha immerhin noch vergönnt: eine allerletzte Besuchsreise in den geliebten Sudan, eine Einladung zum Dinner bei König George V. im Buckingham-Palast sowie die Ernennung zum Ehrenbürger der Stadt Wien. Seine Beisetzung auf dem Friedhof von Ober-St. Veit am 6. Oktober 1932 – die Krebsoperation im Cottage-Sanatorium hat mit dem Tod des Fünfundsiebzigjährigen geendet – gleicht einemStaatsbegräbnis.

Eine Koreanerin aus Wien

Franziska Syngman Rhee

Von den drei Donner-Töchtern ist sie die energischste: Nach der obligaten Klosterschule studiert Franziska Sprachen und macht den Dr. phil., nach dem Tod des Vaters läßt sie sich ihr Erbteil auszahlen und schaut sich in der Welt um. Im Gegensatz zur Mutter, die, von Geburt Italienerin, ihre Opernkarriere der Ehe mit dem Inzersdorfer Sodawasserfabrikanten Josef Donner geopfert hat, ist sie, die 1900 im Zeichen der Zwillinge Geborene, fest entschlossen, ihren eigenen Weg zu gehen.

Beim Völkerbund in Genf werden junge Frauen wie sie gebraucht: Die »Belles de la Societé des Nations« sind ein Mix aus Dolmetscherin, Diplomatin und Hostess. Eine der Delegationen, auf die Franziska Donner angesetzt wird, ist ein Häuflein Koreaner, die festen Willens sind, ihre zur japanischen Kolonie geschrumpfte Heimat eines Tages in die Unabhängigkeit zu führen. Ein aussichtsloser Kampf: Niemand hört ihnen zu, wenn sie ihre patriotischen Parolen vom Stapel lassen.

Ihr Anführer ist ein gewisser Dr. Syngman Rhee; der Siebenundfünfzigjährige firmiert offiziell als Rektor der koreanischen Schule von Honolulu, doch sein eigentliches Interesse gilt der Gründung eines autonomen Staates Korea nach westlich-demokratischem Vorbild.

Dr. Syngman Rhee und die ihm zugeteilte Franziska Donner kommen einander während dieser Genfer Verhandlungsrunde anno 1932 auch menschlich näher: Noch im selben Jahr geht eine Verlobungsanzeige nach Wien, und am 8. Oktober 1934 läßt sich das ungleiche Paar – der Altersunterschied beträgt 25 Jahre – ins New Yorker Trauungsregister eintragen. Von Amerika aus setzt Syngman Rhee seine Agitation für ein souveränes Korea fort, und wer ihn dabei am temperamentvollsten unterstützt, ist seine eigene Frau.

Träumt die ehrgeizige junge Wienerin davon, eines Tages First Lady des ostasiatischen Halbinselreichs zu sein?

Jedenfalls scheint sie unerschütterlich an die eminent schwierige Mission ihres Mannes zu glauben, und die Opfer, die er dafür gebracht hat und bringt, sind für sie nicht Entmutigung, sondern im Gegenteil treibende Kraft. Es imponiert ihr, daß der entfernte Abkömmling der seit dem 14. Jahrhundert in Korea herrschenden Dynastie sich von seiner traditionellen Erziehung gelöst, die methodistische Mittelschule von Seoul absolviert, sich mit 20 dem republikanischen »Unabhängigkeitsclub« angeschlossen, noch als Student eine eigene Zeitung gegründet und für seine Auftritte als Demonstrant und Versammlungsredner mit schwerer Kerkerhaft gebüßt hat.

Das Urteil lautet auf lebenslänglich; die Folterungen, denen er ausgesetzt wird, hinterlassen Narben, die ihm bis ans Ende seiner Tage erhalten bleiben werden. In der Zelle setzt er sein politisches Manifest auf und bereitet sich für den Übertritt zum christlichen Glauben vor; 1904 gelingt ihm, als vermeintlich Toter eingesargt, die Flucht aus dem Gefängnis. Der Neunundzwanzigjährige geht nach Amerika ins Exil, studiert an den Universitäten von Harvard und Princeton und organisiert gleichzeitig den Widerstand gegen die seine Heimat unterjochenden Japaner. Als die gewaltlose Rebellion seiner Landsleute im März 1919 in einem Blutbad endet, rufen er und seine

Mitstreiter eine Exilregierung aus – mit Syngman Rhee an der Spitze. Aber weder bei der Pariser Friedenskonferenz noch beim Völkerbund noch in Washington dringt die Korea-Lobby mit ihren Intentionen durch. Erst nach 1945 – mit der Niederlage Japans im Zweiten Weltkrieg – schlägt dem mittlerweile Siebzigjährigen die Stunde: Die südkoreanische Nationalversammlung wählt am 19. Juli 1948 Syngman Rhee zum 1. Präsidenten der frisch gegründeten Republik.

Franziska Rhee-Donner betritt zum erstenmal koreanischen Boden. Und wird fortan, bei offiziellen Auftritten stets die obligaten zwei Schritte hinter ihrem Mann schreitend, zu dessen engster Beraterin. Vorsichtig leitet sie auch die eine und andere eigene Reform ein, will die Frauen ihres Gastlandes von ihrem noch immer sklavenähnlichen Dasein befreien. Um den Hunger einzudämmen,

Den einen ein Engel, den anderen ein böser Dämon: Franziska Rhee-Donner (hier als hochbetagte Witwe vor dem Bild ihres Mannes)

stampft sie eine weltweit operierende Hilfsaktion aus dem Boden. Auch auf Propaganda versteht sie sich vorzüglich: Über die Zeitungen des Landes läßt sie eine angeblich uralte Weissagung verbreiten, eine weiße Frau werde ins Land kommen und ihnen ewiges Glück und Frieden bescheren. Aber nicht alle wissen ihr für ihre Aktivitäten Dank: Von den einen als der »Engel von Korea« gepriesen, sehen die anderen in der seltsamen Fremden einen bösen Dämon, und vor allem, als Syngman Rhee, für weitere drei Regierungsperioden wiedergewählt, mit den Jahren zu immer fragwürdigeren Mitteln greift, um seine Macht abzusichern – man spricht von Wahlschwindel, willkürlicher Verfassungsänderung und Unterschlagung öffentlicher Gelder –, gerät auch sie ins Schußfeld der Opposition.

Am 27. April 1960 wird Syngman Rhee zum Rücktritt gezwungen; wie schon in früheren Jahren ist es Hawaii, das dem entmachteten Paar Asyl anbietet. Den 90. Geburtstag verbringt der Ex-Präsident, nun schon teilweise gelähmt, in einem Sanatorium in Honolulu; am 19. Juli 1965 erliegt er einem Schlaganfall. Seinen letzten Willen, in heimatlicher Erde bestattet zu werden, kann ihm die Witwe erfüllen, nur an der Zeremonie in Seoul selber teilzunehmen, scheitert am Einspruch der Ärzte: Schon bei der Totenmesse auf Hawaii ist sie ohnmächtig zusammengebrochen. Franziska Rhee-Donner erholt sich jedoch wieder, kann ein letztes Mal ihre Verwandten und Freunde in Wien besuchen, und auch ihr größter Wunsch wird wahr: ihren Lebensabend in Korea zu verbringen. 1970 kehrt sie nach Seoul zurück und bezieht wieder die alte Villa auf dem »Hügel der Pflaumenblüte«, in deren Garten jener Pavillon steht, in dem die ersten Besprechungen der 1947 heimgekehrten Exilpolitiker stattgefunden haben und der seither nicht nur in ihren Augen als die Geburtsstätte des neuen Korea gilt.

Mit ihrem bescheidenen Lebensstil gelingt es der Koreanerin aus Wien, aufs neue die Herzen ihrer ehemaligen Untertanen zu erobern: Sie kommt ohne Personal aus, kocht selbst, wäscht selbst, hält sich von allem gesellschaftlichen Gepränge fern, verläßt kaum noch das Haus. Nur jeden Freitag tritt sie den Weg zum Friedhof an und verrichtet vor dem Grabmal ihres Mannes ein stilles Gebet. 27 Jahre überlebt sie ihn, knapp zweiundneunzigjährig stirbt Franziska Rhee-Donner 1992 in Seoul.

Für Dreizehnlinden in den Tod

Andreas Thaler

Von den beiden Söhnen des Loybauern ist er der jüngere: Sein Bruder erbt den Hof, er selber soll studieren. Doch auch Andreas zieht's zur Landwirtschaft, und so verdingt er sich nach dem Gymnasialabschluß bei den Franziskanern in Hall für einige Jahre als Knecht. Und bleibt in der Heimat: Die Thalers zählen zum Tiroler Urgestein. Von ihrem stattlichen Besitz in der Wildschönau geht der Blick bis ins Tal der Kundler Arche und zum Gipfel der Hohen Salve.

Auch das Boarstadlgut, das der junge Thaler erwirbt, ist ein Bergbauernhof. Andreas macht seine Sache gut – so gut, daß die Oberauer den erst Dreißigjährigen zum Bürgermeister wählen. Und als der Erste Weltkrieg vorüber ist, entsenden ihn die Landgemeinden des Bezirks Kufstein in den Tiroler Landtag: Keiner vertritt die bäuerlichen Interessen so engagiert wie er, auch ist er ein überzeugender Redner. So klettert er Stufe um Stufe die Karriereleiter hinauf: Bauernbundpräsident, Nationalrat der Christlich-Sozialen, schließlich Landwirtschaftsminister. Nicht weniger als vier Bundeskanzler holen ihn in ihr Kabinett: Ramek, Seipel, Vaugoin und Ender.

Seine Landsleute, die ihn wohl schon ganz nach Wien abgedriftet sehen, tun ihm freilich unrecht: Nichts bedrückt Andreas Thaler mehr als die Not der Tiroler Bergbauern, vor allem jener vielen kleinen, die in den Krisenjahren um 1930 mit Preisverfall und Steuerrückständen kämpfen, ja

am Ende vielleicht gar ihren Hof abstoßen müssen. Das
Schlagwort von den »weichenden Bauernsöhnen« kommt
auf – wohin mit all denen, die in der Heimat keine Zukunft
für sich und die ihren sehen?
Andreas Thaler blickt weit über die Grenzen des Landes,
ja des Kontinents hinaus und startet 1931 zu einer Sondie-
rungsfahrt nach Südamerika. Als amtierender Minister
weiß er Sponsoren aufzutreiben, die es ihm ermöglichen,
vom Flugzeug aus Bodenbeschaffenheit und Verkehrsver-
hältnisse möglicher Siedlungsgebiete zu erkunden – zuerst
in Brasilien und Paraguay, im Jahr darauf auch in Argenti-
nien und Chile. Was ihm, dieser charismatischen Verkör-
perung von Idealismus, Tatkraft und einem Schuß Pio-
nierromantik, vorschwebt, ist die Gründung einer Tiroler
Bergbauernsiedlung in Übersee.
Am verheißungsvollsten verlaufen die Verhandlungen mit

*Landwirtschafts-
minister der Republik
Österreich – das ist
ihm zu wenig:
Andreas Thaler
schafft den notleiden-
den Tiroler Berg-
bauern eine neue
Existenz in Brasilien*

Via **Kaufvertrag** Nr.

Der Präsident der Österreichischen Auslandssiedlungsgesellschaft m. b. H., Innsbruck, Minister a. D. A n d r e a s T h a l e r, in dieser Eigenschaft Besitzer eines Landkom=
plexes, gemäß einer durch J u l i o S e l b a c h und andere ausgestellten, unumstößlichen
Generalvollmacht, welche beim Notar von Cruzeiro do Sul, Herrn J o s e f W a l d o=
m i r a S i l v a im Buch Nr. 15, Blatt 5 und Rückseite, eingetragen ist, in den fol=

genden Klauseln „Verkäufer" genannt und der Siedler ....

...., Österreicher, ledig, verheiratet, in den folgenden Klauseln
„Käufer" genannt, schließen heute folgenden Vertrag:

§ I — Der Verkäufer verkauft an den Käufer .... m²

Land, dessen Lage auf beiliegendem Lageplan ersichtlich ist. Dieser Lageplan ist unter=
schriftlich von beiden Teilen mit Hinzuziehung zweier Zeugen anerkannt und gehört als
Bestandteil zu diesem Vertrag. Gemäß dieses Lageplanes grenzt das zu kaufende Land:

Im Norden: ....

Im Süden: ....

Im Osten: ....

Im Westen: ....

§ II — Auf Wunsch des Käufers erhält das Landlos den Namen: ....

§ III — Der Kaufpreis beträgt: Rs ....

a) welchen der Käufer bei der Unterzeichnung dieses Vertrages bar erlegt;

b) von welcher Summe der Käufer Rs ....

anzahlt und den Rest von Rs ....

bis zum .... begleicht;

c) welche Summe der Käufer bis zum ....
zu zahlen verspricht.

Alle Zahlungen können in Bargeld, Gutscheinen (also durch Arbeitsleistung)
oder in landwirtschaftlichen Erzeugnissen zum örtlichen Marktwert beglichen
werden.

§ IV — Die ersten drei Jahre, gerechnet vom Tage der Unterzeichnung dieses Ver=
trages, sind zinsfrei. Später werden Zinsen zu einem Zinsfuß von 4 Prozent eingehoben.

§ V — Ausgenommen vom oben angegebenen Kaufpreis ist der augenblicklich auf
dem Landlos befindliche schlagbare Pinienbestand, für welchen der Käufer dem Ver=
käufer ausschließliche Nutznießung zugesteht. Der Verkäufer behält somit das Recht,
den oben näher bezeichneten Pinienbestand nach eigenem Ermessen auszunützen und zu
diesem Zweck das Landlos zu betreten. Dem Käufer steht aber das Recht zu, sich zwei
Pinien für Schindeln und Zaunholz zu behalten.

*»Wäge! Wäge genau! Dann erst wage!« Mit diesem Leitspruch geht
Andreas Thaler im Herbst 1933 ans Werk*

Erklärung

„Ich erkläre hiemit, daß ich vom Inhalt der von der Österreichischen Auslandssiedlungsgesellschaft m. b. H. herausgegebenen Aufklärungsschrift (3. A u f l a g e) und insbesondere von den darin enthaltenen Rechten und Pflichten des Siedlers Kenntnis genommen habe.

Ich erkläre ausdrücklich, daß weder Herr Minister a. D. Andreas Thaler noch sonstwer von der Siedlungsgesellschaft mich zur Auswanderung verleitet oder aufgefordert hat, sondern daß ich vollkommen freien Willens war, als ich den Entschluß auszuwandern gefaßt habe.

Ich verspreche ausdrücklich, daß ich den Befehlen und Anordnungen des Herrn Ministers a. D. Andreas Thaler oder seiner Beauftragten unbedingten Gehorsam bei der bezahlten Aufbauarbeit der Siedlungen leisten werde.

Bezüglich der Bewertung meiner im Rahmen der Siedlungsgemeinschaft geleisteten Arbeit, die zur Zeit meist durch Akkordlöhne festgesetzt ist, unterwerfe ich mich dessenungeachtet stets dem Urteil der Siedlungsleitung.

Ich nehme ausdrücklich zur Kenntnis, daß grobe Verstöße gegen die Interessen der Siedlung die Ausschließung aus der Siedlungsgemeinschaft nach sich ziehen.

Ich nehme zur Kenntnis, daß eine Rückerstattung der in Innsbruck eingezahlten Beitrittsgebühr nicht in Frage kommt, gleichgültig, ob ich die Siedlung freiwillig oder unfreiwillig verlasse.

Ich nehme schließlich zur Kenntnis, daß mir gegen Entscheidungen der Siedlungsleitung, die mir ungerecht erscheinen, die Beschwerde an die Vertretung Österreichs in Brasilien offen steht."

Urkund dessen meine eigenhändige Unterschrift:

Ort und Datum.   Es unterzeichnet der Mann und die Ehefrau.

Reichtum kann der Gründer von Dreizehnlinden seinen Schützlingen nicht versprechen, wohl aber »ein auskömmliches Leben«

Dreizehnlinden entwickelt sich so prächtig, daß nach 1945
sogar der hungerleidenden alten Heimat mit Lebensmittelsendungen
geholfen werden kann

den brasilianischen Behörden: Die kaum besiedelte Region um Cruzeiro im Südstaat Santa Catarina bietet für bäuerliche Auswanderer ideale Verhältnisse. Hier läßt sich bei sorgfältiger Rodung fruchtbares Ackerland gewinnen, in 800 Meter Höhe ist das subtropische Klima erträglich, auch mit der Wasserqualität kann man zufrieden sein, und bis zur nächsten Bahnstation ist es nicht mehr als 15 Kilometer: Itapui liegt auf halber Strecke zwischen Sao Paulo und Rio Grande. Vor allem aber: Seitdem die Landeswährung stark abgewertet ist, kann man sich hier schon mit einem Kapital von 3000 Schilling einen bescheidenen Besitz zulegen.

Im September 1933 wagt Andreas Thaler einen ersten Siedlertransport, und bereits einen Monat später ist die Gründungsurkunde unterzeichnet: Treze Tilias – auf

deutsch: Dreizehnlinden – wird das Tiroler Bergbauern-
dorf im Süden Brasiliens von Stund an heißen. Und da sich
das Experiment gut anläßt, kehrt Thaler im Frühjahr 1934
nach Österreich zurück, um seinen verarmten Landsleuten für einen weiteren Auswanderungsschub Mut zu machen. Raschen Reichtum, so hält er in seiner vom Katholischen Preßverein Linz verbreiteten Aufklärungsschrift
vorsorglich fest, könne er den Kandidaten zwar nicht versprechen, wohl aber »ein auskömmliches Leben«. Sein
Leitspruch: »Wäge! Wäge genau! Dann erst wage!«
Der zweiten Gruppe, die er noch im selben Jahr nach Südamerika führt, gehört auch seine vielköpfige eigene Familie an: Thaler, der selber keinen Grund hätte, Österreich
den Rücken zu kehren, weiß genau, daß sein persönlicher
moralischer Rückhalt für das Gelingen des Experiments
von größter Bedeutung ist, und so siedelt auch er sich mit
den Seinen in Dreizehnlinden an. Ja, er opfert ihm sogar
sein Leben: Als im Sommer 1939 der hochwasserführende
Rio Sao Bento den tiefer gelegenen Teil des Dorfes zu
überschwemmen droht, muß zwecks Abdrängung der Flu-
ten die über den Fluß führende Brücke abgetragen werden. Thaler legt selber mit Hand an. Und da passiert das
Unglück: Die Brücke birst vorzeitig und reißt ihn und drei
weitere Männer aus dem Ort in die Tiefe. Während jedoch
die anderen sich allesamt retten können, wird Thaler von
den Sturzwellen des Wildwassers verschlungen. Erst am
Tag darauf wird man einige Kilometer flußabwärts die Lei-
che des Fünfundfünfzigjährigen bergen.
So tragisch das Leben des Gründers von Dreizehnlinden
endet, eines bleibt Thaler durch seinen frühen Tod erspart: mitanzusehen, wie mit Österreichs Anschluß an
Hitler-Deutschland und dem Ausbruch des Zweiten Weltkrieges gewaltige neue Probleme auf das Tirolerdorf zu-

*Nur wenige Jahre kann Andreas Thaler die Früchte seiner Arbeit (hier
sein eigener Besitz in Dreizehnlinden) genießen: Bei einem riskanten
Hochwassereinsatz kommt der erst Fünfundfünfzigjährige ums Leben*

kommen. Nicht nur, daß schlagartig die Verbindung zur
Heimat abgeschnitten ist, bringen die offen mit den Nationalsozialisten sympathisierenden Deutschbrasilianer
anderer Siedlungen auch Dreizehnlinden in Verruf. Außerdem tritt im August 1942 Brasilien in den Krieg gegen
die Achsenmächte ein.
Doch allen Rückschlägen zum Trotz: Unsere Exil-Tiroler
wissen sich zu behaupten, und als bei Kriegsende ganz

Österreich Hunger leidet, schicken sie sogar Lebensmittelpakete und Geldspenden in die alte Heimat. Ihre landwirtschaftlichen Betriebe florieren, ihre Produkte finden Absatz, neue Siedlertransporte rücken nach. 1956 ist es so weit, daß Dreizehnlinden mit den Nachbardörfern, Babenberg und Rosengarten zu einem eigenen Bezirk von knapp 6000 Einwohnern vereinigt wird. Außer Kirche, Schule und Spital verfügt man nun auch über ein Sportstadion, ein Kulturhaus und ein Gymnasium. Und schließlich entdecken auch die Touristen die exotischen Reize der im alpenländischen Stil errichteten Tirolerhäuser mit den blumengeschmückten Balkons: Nicht weniger als 600 Fremdenbetten stehen den Gästen des Höhenluftkurortes Treze Tilias zur Verfügung. Dreizehnlinden macht Österreich alle Ehre. Andreas Thaler, der dafür sein Leben hingegeben hat, könnte auf sein Werk wahrlich stolz sein.

Der Kamelienmann

Georg Joseph Kamel

Sie teilt das Schicksal von Reseda und Levkoje: Die Kamelie ist aus der Mode gekommen, auch Blumen unterliegen Trends. Doch dafür haben die rosenähnlichen Blüten des ostasiatischen Zierstrauchs mit den immergrünen Blättern ihren festen Platz in der Literatur: Alexandre Dumas hat sie in seinem Gesellschaftsroman »La Dame aux Camélias«, Guiseppe Verdi in seiner Oper »La Traviata« verewigt. Und auf dem Friedhof von Montmartre pilgern manche Touristen nach wie vor ans Grab jener mit 23 Jahren von der Schwindsucht dahingerafften Pariser Kurtisane Alphonsine Plessis alias Marguérite Gautier, die ihren Liebhabern mit einem ebenso offenherzigen wie blumigen Signal zu verstehen gab, wann sie mit ihr zu rechnen hätten: 25 Tage jeden Monats heftete sie sich eine weiße Kamelienblüte an den Busen, die restlichen fünf eine rote.

In den botanischen Lehrbüchern findet man alles Nähere: 1739 taucht die Kamelie zum erstenmal in Europa auf, und Carl von Linné, der berühmte schwedische Pflanzenforscher, gibt dem floralen Import den Namen, den er von nun an in aller Welt tragen wird.

Fragt sich nur: Wieso nennt er ihn (lateinisch, wie sich's gehört) Camellia?

Er tut es, um dem Mann zu huldigen, der sie entdeckt und als erster beschrieben hat. Und dieser Mann heißt Georg Joseph Kamel und ist ein mährischer Mönch.

In Brünn kommt er als Sproß einer alten deutschsprachigen Sippe am 21. April 1661 zur Welt. Die Eltern schicken ihn aufs Gymnasium, mit 21 tritt er als Novize in die »Societas Jesu« ein. In den böhmischen Jesuitenkollegs von Neuhaus und Krumau wird er dem »Infirmarius« zugeteilt, erlernt das Apothekerhandwerk. Frater Georgius Josephus begnügt sich jedoch nicht mit dem Studium der gängigen Heilpflanzen, sondern experimentiert auch mit allerlei Neuem, bis dato Unerforschtem, geht in punkto Verabreichung und Dosierung eigene Wege, und vor allem: Er weiß für jeden Patienten – auch für jene Ärmsten, die sich nie im Leben einen Arzt leisten könnten – Rat. Als wieder einmal einer jener Missionar-Trupps zusammengestellt wird, die in den überseeischen Ordensniederlassungen Aufbauarbeit leisten sollen, ist Georg Joseph Kamel mit von der Partie.

Vor etwas über 100 Jahren ist Manila gegründet worden, die Hauptstadt der von den spanischen Kolonialisten

Eine zoologische Skizze von Frater Georgius Josephus’ Hand:
der Nashornvogel

ausgebeuteten Philippinen-Insel Luzon ist ein wichtiger
Umschlagplatz für den Warenverkehr zwischen China und
Europa. Und Sitz eines Jesuitenkollegs. Doch Frater Ge-
orgius Josephus hat weder mit der Eroberung neuer Terri-
torien, der Erschließung verborgener Reichtümer und der
Ausbeutung billiger Arbeitskräfte noch mit der Christiani-
sierung der Eingeborenen zu tun: Er soll sowohl seinen
Ordensbrüdern wie den Einheimischen pharmazeutische
Hilfe leisten.

Über Tirol, Mailand und Genua erreicht der Siebenund-
zwanzigjährige die Südküste Spaniens, in Cadiz besteigt er
die Galeone »Santisima Trinidad«, die ihn und sechs weitere Gottesmänner nach dreimonatiger Überfahrt via Me-
xiko ans Ziel bringt.

Eine Menge Arbeit wartet im Jesuitenkolleg von Manila
auf den Neuankömmling: Frater Georgius Josephus muß
den Insulanern den Arzt ersetzen. Und da es der nach dem
Muster seiner böhmischen Heimat errichteten Apotheke
an Nachschub fehlt, geht er daran, seine Bestände mit
Heilkräutern anzureichern, die ihm die Eingeborenen ins
Haus bringen. Mit aller gebotenen Sorgfalt erprobt er ihre
Wirkung, setzt die Dosierung fest, räumt auch mancherlei
Aberglauben aus und beginnt eines Tages, jene Pflanzen,
die für ihn selber neu sind, systematisch zu erfassen: sam-
melt sie in Herbarien, schreibt Berichte über sie, fertigt
mit Feder und Tinte Zeichnungen von Wurzeln, Blättern
und Früchten an. Und da er sich nicht nur als Heilprakti-
ker, sondern auch als Wissenschaftler versteht, macht er
von alledem Duplikate, die von Manila aus den Weg nach
Europa antreten. Vor allem englische Botaniker, mit denen
er in Verbindung steht, empfangen laufend Sendungen
von ihm. Bei einem Postweg von bis zu anderthalb Jahren
müssen sie sorgfältig, vor allem wetterfest verpackt sein.

Doch zum Glück gelangt das Meiste wohlbehalten ans Ziel (und zählt heute zu den Schätzen des Jesuitenkollegs in der belgischen Universitätsstadt Löwen sowie des Britischen Museums in London).

Um für seine botanischen Wanderungen, seine Zuchtversuche und vor allem für die tägliche Heilpraxis gerüstet zu

Georg Joseph Kamel, der große Unbekannte: Kein Porträt von ihm hat sich erhalten, nur sein Namenszug

sein, lernt unser Kräuterpater die Sprachen der Eingeborenen: Sie danken es ihm mit immer wieder neuen Funden, auf die sie sein Auge lenken, und mit der Weitergabe ihres eigenen Wissens. Jene halb mannshohe Pflanze mit den teils weißen, teils roten Blüten, den immergrünen Blättern, den holzigen Kapselfrüchten und dem in späterer Zeit für die Herstellung von Schmiermitteln und Seifen verwendeten Samenöl, die nach Kamels Tod dessen Namen erhalten wird, nennt er selber Thea japonica – die Kamelie ist eine nahe Verwandte des Teestrauchs.

Zu besonderer Kennerschaft bringt es Kamel als Orchideensammler, und bald geht er dazu über, seine Forschungen auch auf die Tierwelt der Philippinen zu erstrecken: Er beschreibt Schmetterlinge, Käfer und Spinnen, Schnecken, Vögel und Fische. Nur in einem Punkt versagt der gelehrte Mann aus fernen Landen: Er unterschätzt die Tücken des Tropenklimas, die Folgen der einseitigen Ernährung und die latente Infektionsgefahr. Mit nur 45 Jahren stirbt Georg Joseph Kamel in Manila an einer Darmerkrankung. Noch einmal die alte Heimat Böhmen wiederzusehen, bleibt ihm verwehrt.

»Sie haben Unglaubliches durchgesetzt!«

Ida Pfeiffer

Zählt man die Kilometer zusammen, die sie auf ihren Reisen zurückgelegt hat, kommt man auf das Siebenfache des Erdumfangs. Um so verwunderlicher, daß sie sich eines der Nahziele ganz bis zum Schluß aufspart: Erst auf ihrer allerletzten Tour macht Ida Pfeiffer auch in Paris Station. Und was beeindruckt sie dort besonders? Die »Morgue«, das berühmte Leichenschauhaus, »in welchem die Totgefundenen zur Schau ausgestellt werden, damit die Verwandten oder Freunde sie erkennen können«. Und sie fährt fort: »Manche meiner Leser werden vielleicht darüber erstaunt sein, wie ich, eine Frau, einen ähnlichen Ort besuchen konnte; sie mögen aber bedenken, daß ich selber auf meinen Reisen nicht selten dem Tode sehr nahe war, daß daher sein Anblick für mich nicht so schrecklich ist wie für den größeren Teil der Menschen.«

Wie wahr! Nur tollkühner Gegenwehr mit ihrem Sonnenschirm hat die kleinwüchsige Endvierzigerin es zu verdanken, daß sie die Messerattacke eines Eingeborenen auf einem ihrer Streifzüge durch Brasilien überlebt. Den bei dem dramatischen Zweikampf abgebrochenen Griff ihrer Verteidigungswaffe wird sie, mit einem feinsäuberlich beschrifteten Etikett versehen, bis ans Ende ihrer Tage als stolze Trophäe aufbewahren.

Was ihr wirklich Schrecken einjagen kann, sind niemals Menschen, denen sie begegnet, sondern Naturgewalten, denen sie sich aussetzt – so etwa, als sie auf einer Island-

Reise den berüchtigten Vulkan Hekla besteigt und beim Blick in den Krater von panischer Angst befallen wird, »vielleicht nimmer wieder aus diesem gräßlichen Labyrinthe hinauszufinden«.

Um mit Menschen, die ihr nach dem Leben trachten, fertigzuwerden, verfährt sie nach einem denkbar einfachen Rezept: Sie versucht sie zum Lachen zu bringen. Selbst bei den Kannibalen vom gefährlichen Stamme der Batak, bis in deren Domäne im tiefsten Inneren Sumatras sie sich vorwagt, hat Ida Pfeiffer mit ihrer Methode Glück: Als sie ihren Angreifern mit einer kuriosen Mischung aus Sprachkauderwelsch und Pantomime zu verstehen gibt, das Fleisch einer so alten Frau sei hart und zäh, verdirbt sie ihnen wahrhaftig den Appetit, und die schon zum Äußersten Entschlossenen lassen prompt von ihrem Opfer ab.

Eine Wiener Biedermeierdame, die sich ohne männliche Begleitung auf Weltreise begibt und vor keinem noch so kühnen Schritt zurückschreckt – wer ist dieses »Herzerl«?

Sie stammt aus gutem Hause, Vater Aloys Reyer hat sich mit Musselinhandel ein stattliches Vermögen erwirtschaftet, die Mutter ist eine »von«. Ida wächst mit fünf Brüdern auf – und das im wahrsten Sinne des Wortes: Auch sie trägt Bubenkleider, spielt mit Trommel, Säbel und Gewehr; der Vater versteigt sich gar zu dem Scherz, sie mit vierzehn in die Militärschule zu stecken. Obwohl es den Reyers an nichts fehlt, werden die Kinder spartanisch streng erzogen – mag sein, daß hier die Wurzel für jene extreme Zähigkeit zu suchen ist, die in späteren Jahren unsere Globetrotterin alle ihre Abenteuer bravourös bestehen lassen wird.

Zunächst aber muß Ida noch mit einer Reihe schlimmer Wechselbäder fertigwerden, die ihr Zug um Zug das El-

ternhaus beschert. Als der Vater stirbt, dreht die Mutter
das Erziehungsziel um, zwingt Ida nun in Mädchenkleider,
ans Klavier und an den Stickrahmen, und als sie schließlich
flügge wird und sich in ihren Hauslehrer verliebt, wird
sie zur Buße auf eine Wallfahrt geschickt. Um weiteren
Bevormundungen einen Riegel vorzuschieben, reißt sie
mit 23 von daheim aus und geht im fernen Galizien eine
Vernunftehe mit dem 24 Jahre älteren Advokaten Dr.
Mark Anton Pfeiffer ein, aus der zwei Söhne hervorgehen.
Da sich ihr Mann jedoch an seinem Wirkungsort Lemberg
Feinde gemacht hat und daraufhin seine Kanzlei schließen
muß, landet man notgedrungen wieder in der Heimat,
und für Ida Pfeiffer und die Ihren beginnen entbehrungs-
reiche Jahre in Wien. Erst als 1833 Dr. Pfeiffer nach Galizien zurückkehrt und Frau und Kinder in Wien zurückläßt,
kann die inzwischen Vierzigjährige darangehen, an ihre
Selbstverwirklichung zu denken: Eine Badereise mit dem
jüngeren Sohn Oscar nach Triest, wo man zum erstenmal
das Meer sieht, weckt in Ida Pfeiffer eine – wie
sie es später ausdrücken wird – »kaum zu bewältigende
Reiselust«.
Sechs Jahre darauf ist es soweit: Unter dem Vorwand, eine
in Konstantinopel ansässige Brieffreundin zu besuchen,
besteigt sie, nicht ohne zuvor ihr Testament aufgesetzt zu
haben, in Kaisermühlen den Donaudampfer und durchstreift neun Monate lang den Orient. Ihr Gewand besteht
aus Kniehose, knöchellangem Rock und Umhang; das
Haar trägt sie entgegen der herrschenden Mode kurz; rei-
ten lernt sie erst unterwegs; der einzige Reisekomfort, den
sie sich gönnt, ist das eigene Kopfkissen, und das wichtig-
ste Stück im Handgepäck ist ihr Tagebuch.
Zurück in Wien, geraten ihre Aufzeichnungen in die
Hände eines Verlegers, und der zeigt sich von dem Ma-

*Ein Biedermeier-Sonnenschirm als Verteidigungswaffe: Ida Pfeiffer
weiß sich zu wehren, wenn's ihr an den Kragen geht*

nuskript so angetan, daß er es auf der Stelle drucken will.
Doch gemach, gemach: Da hat auch noch die Familie ein
Wörtchen mitzureden! Erst nachdem Gatte und Geschwi-
ster den Text »approbiert« haben, kann das Buch »Reise
einer Wienerin in das Heilige Land« erscheinen (und auch
nur anonym). Bei der 4. Auflage endlich löst man sich von
dem gängigen Vorurteil, die Veröffentlichung des Erleb-
nisberichtes einer alleinreisenden Frau für etwas Un-
schickliches anzusehen.

Ida Pfeiffer hat nunmehr Blut geleckt. Nicht nur, daß ihr
das Debüt als Schriftstellerin 700 Gulden Tantiemen ein-
gebracht hat, die einen schönen Grundstock für weitere
Unternehmungen dieser Art abgeben, sind inzwischen
auch die Söhne aus dem Haus, außerdem hat Ida Pfeiffer
ihre Fremdsprachenkenntnisse vervollkommnet und sich
in der jungen Kunst der Daguerrotypie (Photographie auf
Metallplatte) unterweisen lassen: Sie fühlt sich reif für ihre
erste Weltumseglung! Zweieinhalb Jahre ist sie in Südamerika, China, Ostindien, Persien, Kurdistan und zahlreichen europäischen Ländern unterwegs, und träfen
nicht plötzlich beunruhigende Nachrichten aus der Heimat ein (wo die Revolution von 1848 ihre Schatten voraus-
wirft), hätte sie wohl keine Eile, nach Österreich zurückzukehren.

Diesmal bringt sie nicht nur ein Buchmanuskript mit, sondern auch allerlei Fundgegenstände: seltene Pflanzen und
Mineralien, Insekten-, Vögel- und Reptilienpräparate, und
mit dem Erlös, den ihr die einschlägigen wissenschaftlichen Sammlungen dafür zahlen, füllt sie ihre Reisekasse
auf. Denn schon 1851 zieht sie neuerlich los – und nun
gleich für über vier Jahre. Die österreichische Regierung
gewährt ihr einen Zuschuß von 150 Pfund Sterling, und
Alexander von Humboldt, dem sie in Berlin ihre Aufwar-

tung macht, verhilft ihr nicht nur zu der Auszeichnung, als
erste Frau in die »Gesellschaft für Erdkunde« aufgenommen zu werden, sondern erwirkt der Kollegin sogar eine
Audienz beim preußischen König: »Sie haben Unglaubliches durchgesetzt!«

Ja, das hat sie, die Ida Pfeiffer aus Wien. Nur bei ihrer
zweijährigen Reise nach Madagaskar, wo sie unter anderem Zeugin grausamster Christen-Hinrichtungen wird, in
einen Staatsstreich verwickelt wird und froh sein kann, mit
bloßer Abschiebung davonzukommen, stößt sie erstmals
an ihre Grenzen: Außerstande, sich von dem Tropenfieber
zu befreien, das sie sich am Indischen Ozean geholt hat,
stirbt Ida Pfeiffer einundsechzigjährig am 27. Oktober
1858 in ihrer Vaterstadt Wien. Fünf mehrbändige Werke
sind ihre Hinterlassenschaft, in vielen führenden Zeitungen erscheinen Nachrufe auf sie, nur das Ehrengrab auf
dem Wiener Zentralfriedhof läßt auf sich warten. Erst
34 Jahre nach ihrem Tod gelingt es dem »Verein für er-
weiterte Frauenbildung«, die Umbettung der Gebeine
und die Errichtung eines Ehrenmals durchzusetzen, das
Ida Pfeiffers Verdienste auf seine Weise würdigt: ein Obe-
lisk, auf dem die von zwei Delphinen gestützte Weltkugel
ruht.

Niemals aufgeben!

Julius von Payer

Während seiner *Pariser* Jahre kann er sich, den Sommer über, sogar einen eigenen Landsitz leisten; es ist die Villa »La Guillette« in dem mondänen Seebad Êtretat in der Normandie, die er von Guy de Maupassant, dem Autor des Romans »Bel Ami«, übernommen hat. In *Wien* hingegen, wo er seinen Lebensabend verbringt, langt's nur für eine einfache Mietwohnung im III. Bezirk: Bechardgasse 14.

Die Rede ist von Julius von Payer, Österreichs Polarforscher Nr. 1.

Vom alpinen Gipfelstürmer zum wagemutigen Expeditionsleiter und einem der bedeutendsten Kartographen seiner Zeit aufsteigend, der sein Lebenswerk mit der Entdeckung und Erforschung des »Kaiser-Franz-Joseph-Landes« im nördlichen Eismeer krönt, ist er am Ende seiner Tage ein nicht nur siecher und verbitterter, sondern auch ein fast mittelloser Mann. Als der schwedische Asienforscher Sven Hedin auf Einladung der *Geographischen Gesellschaft* in Wien weilt, um über die Entdeckung des Trans-Himalaja zu referieren, erhebt der 24 Jahre Jüngere in einem leidenschaftlichen Exkurs Anklage gegen sein Gastland, das es zugelassen habe, daß ein von der gesamten Fachwelt Bewunderter »wie ein Händler umherreisen und für wenig Geld Vorträge halten mußte, um sich seinen kargen Lebensunterhalt zu verdienen«.

Die Payers stammen aus Böhmen, der Vater ist Rittmeister

bei den Ulanen, in Schönau bei Teplitz kommt Julius am 2. September 1841 zur Welt. Mit 18 bezieht er die Theresianische Militärakademie in Wiener Neustadt. Bei einem Monatssalär von 36 Gulden zum Infanterieregiment Nr. 36 ausgemustert, geht der junge Leutnant in Jägerndorf, Frankfurt, Mainz und Venedig in Garnison; für seinen Einsatz bei der Schlacht von Solferino wird er mit dem österreichischen Verdienstkreuz ausgezeichnet. Aber nicht *militärische* Ehren sind es, auf die es der nunmehr in Verona Stationierte anlegt: Die *Berggipfel*, die er von seinem Exerzierplatz aus sieht, haben es dem Zwanzigjährigen angetan. Und noch etwas: Wenn er auf den Monte Baldo, auf den Pasubio oder in die Lessini-Gruppe aufsteigt, steckt er nicht nur Schneebrille und Kompaß in sein Marschgepäck, sondern auch Zeichenstift und Skizzenblock. Er will, was er sieht, unbedingt *festhalten*: in naturgetreuen Bildern, in exakten Vermessungen, in selbsterstellten Karten.

Zunächst also in eigener Regie und nur während der Freizeit, nimmt er sich bald auch in offizieller Mission die zum Teil noch unerschlossenen Abschnitte der Ostalpen vor, dokumentiert im Auftrag des Militärgeographischen Instituts an die dreißig Erstbesteigungen und wird so zu einem der Pioniere der modernen Hochgebirgskartographie. Sein Dienst als Geschichtslehrer am Eisenstädter Kadetteninstitut bleibt ein Zwischenspiel: Julius Payer zieht's in die *Natur*. Und Natur – das müssen nicht unbedingt Berggipfel sein. Als 1869/70 Karl Koldewey zur zweiten deutschen Nordpolexpedition aufbricht, nimmt er den jungen Österreicher als Topographen und Schlittenführer nach Nordost-Grönland mit. Unter den Materialien, die Payer von diesem ersten Großeinsatz im äußersten Norden mit heimbringt, werden auch Aufnahmen und Karten eines bis dato unbekannten Meeresarmes sein – als loyaler Untertan seines Monarchen wird er ihm den Namen »Kaiser-Franz-Joseph-Fjord« geben.

Was liegt da näher, als daß man auch in Österreich über einen Einstieg in die Polarforschung nachzusinnen beginnt? Zwei über bedeutende Mittel verfügende und der Förderung von Kunst und Wissenschaft zugetane Männer, die Grafen Wilczek und Zichy, kümmern sich um die Finanzierung, Kriegsminister Freiherr von Kuhn stellt das vierundzwanzigköpfige Team – angeführt von Julius Payer und dem drei Jahre älteren k.k. Schiffsleutnant Karl Weyprecht – vom Dienst frei. Bei der Reederei Tecklenborg in Bremerhaven wird ein den besonderen Anforderungen entsprechendes Expeditionsschiff in Auftrag gegeben. Der Dreimast-Schoner »Admiral Tegetthoff« ist 32 Meter lang, 7 Meter breit, hat einen Tiefgang von 3,47 Meter und eine Wasserverdrängung von 520 Tonnen, seine Motorleistung beträgt 100 PS, die Geschwindigkeit 6 Knoten.

Am 13. Juni 1872 sticht – nach erfolgreicher Absolvierung einer Vorexpedition zur Erkundung der Witterungs- und Eisverhältnisse – die »Tegetthoff« von Bremerhaven aus in See. Das Ziel, das man sich gesteckt hat, ist mehr als kühn: Es soll versucht werden, übers Polarmeer bis zum Pazifik vorzustoßen.

Von Frühsommer 1872 bis Spätsommer 1874 ist das Expeditionsteam unterwegs, immer wieder ist das selbstmörderische Unternehmen von Scheitern und vorzeitigem Abbruch bedroht, schon binnen kurzem reißt auch die letzte Verbindung zur Heimat ab: »Nun ist's aus, kein Brief mehr möglich!« lautet die am 14. August 1872 aufgegebene Depesche nach Wien. »Ungeheure Eismassen drängen das Schiff an die Küste.« Von Stund an gelten Payer & Co.

*»Land, Land, endlich Land!« Julius Payer am Ziel seiner Polar-
expedition (hier in einer Darstellung des Porträtmalers
und Karikaturisten Karl von Stur)*

als verschollen – und dabei wird es volle zwei Jahre bleiben.

Der extrem starke Frost des Jahres 1872 läßt die das Schiff umschließenden Eisplatten zur festen Scholle erstarren, der weder mit Sägen noch mit Sprengen beizukommen ist. Aber auch, als Monate später endlich Mildluftströme auf Befreiung hoffen lassen, gelingt es nicht, die bis zu 13 Meter dicken Eistafeln zu zertrümmern: Die arktische Wüste hält die Besatzung der »Tegetthoff« gefangen. Man ist zwar in Gebiete vorgedrungen, die vor ihnen keines Menschen Auge erblickt hat, aber man sitzt fest – ohne jede Chance auf Weiterkommen. Oder doch?

In Julius Payers Tagebuchaufzeichnungen wird sich später, was sich da an jenem 30. August 1873 in 79° 43' nördlicher Breite und 59° 33' östlicher Länge ereignet, wie folgt lesen:

»Ein denkwürdiger Tag. Er brachte eine Überraschung, wie sie nur in der Wiedergeburt zu neuem Leben liegt. Es war um die Mittagszeit, da wir, über die Bordwand gelehnt, in die flüchtigen Nebel starrten, durch welche dann und wann das Sonnenlicht brach, als eine vorübergehende Dunstwand plötzlich rauhe Felszüge fern in Nordwest enthüllte, die sich binnen wenigen Minuten zum Anblick eines strahlenden Alpenlandes entwickelten.«

Und weiter:

»Im ersten Moment standen wir alle gebannt und voll Unglauben da; dann brachen wir, hingerissen von der unverscheuchbaren Wahrhaftigkeit unseres Glückes, in den stürmischen Jubelruf aus: ›Land, Land, endlich Land!‹ Jahrtausende waren dahingegangen, ohne Kunde von dem Dasein dieses Landes zu den Menschen zu bringen. Und jetzt fiel einer geringen Schar fast Aufgegebener seine Entdeckung in den Schoß als Preis ausdauernder Hoffnung und standhaft überwundener Leiden. Und diese geringe Schar, welche die Heimat bereits zu den Verschollenen zählte, war so glücklich, ihrem fernen Monarchen dadurch ein Zeichen ihrer Huldigung zu bringen, daß sie dem neuentdeckten Lande den Namen ›Kaiser-Franz-Joseph-Land‹ gab.«

Das heißt konkret, daß auf die erste Meldung hin zunächst einmal die nötigen Lotungen und Peilungen vorgenommen, sodann alle Mann auf Deck versammelt und schließlich – nach einer feierlichen »Anrede seitens des Commandanten« – drei kräftige Hurra-Rufe ausgestoßen werden. So verlangt es das Ritual.

Aber das Ritual ist die *eine* Sache, die Realität die *andere*. Und die Realität ist: Erst drei Monate später können die Leute von der »Tegetthoff« ihren Fuß auf das neuentdeckte Terrain setzen, nicht vor Ende Oktober geben Treibeis und Dauernebel den Weg aufs »Kaiser-Franz-Joseph-Land« frei. Ja, die eigentliche Erkundung des Inselgewirrs kann sogar erst im darauffolgenden Februar in Angriff genommen werden. Mit ausgesucht kleiner Mannschaft gehen Payer und Weyprecht daran, teils per Schlitten, teils zu Fuß das Gelände zu durchstreifen, zu vermessen und zu kartographieren. Bei Temperaturen unter 40 Grad minus (die sich im Nachtlager noch bis zu 50 Grad abkühlen), geschützt nur durch Sturmhaube und Bärenfell, also stets den Erfrierungstod vor Augen, besteigen sie ihre mit elastischen Segeln ausgerüsteten Skischlitten – am Schluß wird es eine Gesamtstrecke von 840 Kilometern sein, die sie, Proviant und Kocher im Gepäck, zurückgelegt haben. Und siehe da, alle – inklusive der Schlittenhunde – überleben!

Eine Polarexpedition ist keine Konquista, kein Kolonisierungsakt, sondern ein wissenschaftliches Vorhaben ohne alle völkerrechtlichen Ambitionen. Aber ein bißchen Patriotismus wird wohl doch erlaubt sein, und so erhalten die einzelnen Landfunde wenigstens österreichische *Namen*: vom Cap Grillparzer bis zum Todesco-Fjord, vom Austria-Sund bis zum Simony-Gletscher, vom Wilczek-Land bis zur Teplitz-Bay.

Zwar glückt den Männern um Payer und Weyprecht die Rückkehr zur im Eis festsitzenden »Tegetthoff«, doch das Schiff selber, soviel steht fest, muß aufgegeben, der Rückzug aufs Festland mit Schlitten und Booten versucht werden. Der Proviant geht zur Neige: Der mörderische Hunger ist nur noch zu stillen, indem man die Kadaver der vor Wochen erlegten Eisbären ausgräbt und für den Verzehr freigibt. Die Logbücher und Schiffspapiere, die Vermessungsberichte sowie die geographischen und zoologischen Handzeichnungen landen in einer blechgefütterten Kiste, die gegen alle Einwirkungen von außen dicht verlötet ist.

96 Tage dauert der Marsch gen Süden – zuerst über schier endloses Packeis, dann über leichtes Treibeis, bis endlich am 15. August 1874 das offene Meer erreicht ist und die Einbootung erfolgen kann. Am 18. August gehen die Männer um Julius Payer nördlich der Admiralitäts-Halbinsel an Land, und weitere sechs Tage später sind sie gerettet: Der russische Schoner »Nikolaj« nimmt die total Entkräfteten an Bord und bringt sie in rascher Fahrt in den Hafen von Vardö an der äußersten Nordspitze Norwegens, wo sogleich alles für die Weiterreise nach Hamburg und Wien Nötige in die Wege geleitet wird.

Die Heimkehr der längst verloren Geglaubten wird in Österreich wie ein Volksfest gefeiert. Und doch – auch falsche Töne mischen sich in den Jubel um die geretteten Polarfahrer. Bei der Sondersitzung der *Wiener Geogra-*

phischen Gesellschaft, die am 29. September 1874 im Bei-
sein mehrerer Regierungsmitglieder sowie des noch jungen Kronprinzen Rudolf im Festsaal der Akademie der
Wissenschaften stattfindet, glaubt eine der anwesenden
Erzherzoginnen Payers Expeditionsbericht mit einem
halblaut geäußerten »Wenn's wahr wäre!« in Zweifel ziehen zu müssen. Der solcherart zutiefst Verletzte nimmt
daraufhin, obwohl erst 33, seinen Abschied von der Armee
und zieht sich, von Kaiser Franz Joseph in den erblichen
Ritterstand erhoben, ins Privatleben zurück.

Aber auch dort erwartet ihn nichts als Enttäuschung: Die
erhoffte Professur für Geographie bleibt Payer ebenso
versagt wie eine Aufbesserung seiner kümmerlichen
Pension – erst Jahre später wird das ihm gebührende Gna-
dengehalt bewilligt werden. Ein »Nationalheld« muß sich
als Vortragsredner durchbringen, geht verbittert ins Ausland.

In Frankfurt heiratet er, gleichzeitig nimmt er am dortigen Städelschen Kunstinstitut Malunterricht: Der For-
schungsreisende a.D. muß sich um einen neuen Beruf umsehen. Sein zeichnerisches Talent hat er bereits mit den
Hunderten und Aberhunderten Landschaftsskizzen be-
wiesen, die er sowohl von seinen Bergtouren wie von seinen Polarreisen mitgebracht hat – nun geht es darum, auch
mit Öl umgehen zu lernen. Schon an seiner nächsten
Station, der Akademie der bildenden Künste in München,
heimst er für seine Werke – allen voran der Bildzyklus über
die legendäre Polarfahrt des Engländers John Franklin –
die ersten Auszeichnungen ein.

Niemals aufgeben – das hat sich Julius Payer schon seinerzeit als Expeditionsleiter zur Maxime gemacht. Jetzt
braucht er dieses Durchhaltevermögen ein weiteres Mal:
Schon seit jungen Jahren unter Kurzsichtigkeit leidend,

büßt er kurz nach seiner Übersiedlung nach Frankreich die Sehkraft des linken Auges ein. Ist es eine Spätfolge der Überanstrengung durch das Gletscherlicht, dem er während seiner Polarexpeditionen ausgesetzt war? Oder ist es bei einer schlampig ausgeführten Augenlidoperation zu einer unheilvollen Infektion gekommen? Wie auch immer: Selbst als Einäugiger malt Payer weiter, nur muß er nun zu noch größeren Bildformaten übergehen.

Als zu allem übrigen Unglück auch noch seine Ehe zerbricht – Gattin Fanny geb. Gumperz und die beiden Kinder bleiben in Paris, nehmen die französische Staatsbürgerschaft an und werden Julius Payer niemals wiedersehen –, kehrt der inzwischen knapp Fünfzigjährige nach Wien zurück. Im ehemaligen Makart-Atelier an der Gußhausstraße eröffnet er eine Malschule, die vor allem unter kunstbeflissenen jungen Damen beträchtlichen Zulauf hat; er selber setzt die Erinnerung an seine Polarreisen teils in Gemälde, teils in Fresken um, die bis heute so manche renommierte Sammlung schmücken (und nicht nur in Österreich, sondern auch in Amerika).

In der Öffentlichkeit läßt sich Julius Payer schon lange nicht mehr blicken, seine Ehrenmitgliedschaft in der *Wiener Geographischen Gesellschaft* hat er zurückgelegt, im persönlichen Umgang beschränkt er sich auf seinen engsten Freundeskreis, und das einzige Vergnügen, das er sich gönnt, sind die sommerlichen Fußwanderungen in den geliebten Alpen, begleitet von »Schnauzl«, einem späten Abkömmling seiner braven Polarschlittenhunde.

Während der Sommerferien 1912, die er wie alljährlich im Oberkrainer Kurbad Veldes (dem heute slowenischen Bled) verbringt, raubt ihm ein Schlaganfall das Sprechvermögen: Der Siebzigjährige kann sich von Stund an nur noch schriftlich verständigen. Die Gefährtin seiner letzten drei Lebensjahre – Julius Payer stirbt am 29. August 1915 und wird in einem Ehrengrab der Stadt Wien auf dem Zentralfriedhof beigesetzt – geht in der Sorge für ihren Pflegling so sehr auf, daß sie ihm kurz darauf freiwillig in den Tod folgt. Österreich-Ungarn steht seit einem Jahr im Krieg: Die Nekrologe auf einen seiner besten Männer fallen denkbar knapp aus, das Land hat momentan andere Sorgen …

Isto Maza

Patty Frank

Der Vater *handelt* mit Porzellan, der Großvater *bemalt*
es – die Tobis stammen aus Böhmen, sind aus der Gegend um Karlsbad nach Wien zugewandert. Ernst ist der
einzige Sohn, und er schlägt völlig aus der Art. Was bei seinen Kameraden eine transitäre Kindheitsphase bleibt,
wird ihm, dem am 19. Jänner 1876 Geborenen, zum Le-
bensschicksal: das Indianerspielen.
»Robinson Crusoe«, »Waldläufer« und »Lederstrumpf«
lesen auch die anderen, er hingegen will's genau wissen:
Die Eltern schenken ihm ein Abonnement von Spemanns
illustrierter Knabenzeitung »Der gute Kamerad«, und als
im Sommer 1886 die »Bud Atkinson Wild West Show« mit
ihrer Truppe in der Prater-Rotunde auftritt (Eintrittspreis
20 Kreuzer), ist es um den kleinen Ernst vollends geschehen: Die Lasso-Würfe, Reiterkunststücke und Kampfrufe
der Sioux-Indianer gehen ihm nicht mehr aus dem Kopf.
Als Bastelwerkzeug kommen fortan nur noch Federbusch
und Tomahawk in Betracht, aus seinem Spielplatz wird ein
Wigwam, und wer bei dem Zehnjährigen Gehör finden
will, tut gut daran, ihn nicht »Ernstl« zu rufen, sondern
»Eisenarm«.
Drei Jahre später, die Familie Tobis geht auseinander.
Während der Vater in Wien bleibt und weiterhin seinen
Geschäften als Porzellanhändler nachgeht, übersiedelt
die Mutter mit den Kindern nach Frankfurt, wo Gabriele,
das älteste, Gesang studiert (und sich später als erste

Koloratursopranistin der Oper einen Namen machen wird).

Ernst ist soeben mit der Volksschule fertig geworden – was nun? Wenn es nach ihm ginge, würde er am liebsten als Schiffsjunge anheuern. Da wird im Frankfurter Palmengarten eine Lehrstelle frei: Mutter Tobis, fest entschlossen, die Abenteuerlust ihres Sprößlings zu zügeln, läßt ihn zum Kunstgärtner ausbilden. Und wieder ist es das Gastspiel einer amerikanischen Wandertruppe, das ihm den Kopf verdreht: »Buffalo-Bill's Wild West« erobert mit ihren 200 Indianern und Cowboys, ihren Wildpferden und Büffeln für mehrere Tage die Stadt am Main – und noch dazu im Palmengarten!

Gärtnerlehrling Ernst Tobis gehört der Brigade an, die darauf zu achten hat, daß bei dem Massenansturm der Besucher die Grünanlagen nicht verwüstet werden – er ist also mittendrin im Geschehen. Und noch etwas: Er erfährt, daß die Buffalo-Bill-Leute einen Stallburschen suchen! Ernst Tobis reißt von daheim aus und schließt sich den Artisten an, bis ihn seine verzweifelte Mutter in der Gegend um Straßburg aufspürt und zurückholt. Einziger Trost: ein Paar Original-Mokassins, das er einem der Mitglieder der Truppe abgebettelt hat. Es wird der Grundstock seiner später weltberühmten Sammlung sein …

Ernst Tobis hat Zirkusluft geschnuppert, und das bleibt nicht ohne Folgen. Während er tagsüber seine Gärtnerlehre abschließt, trifft er sich in der Freizeit mit Gleichgesinnten im Turnverein »Helvetia« und erlernt die Grundbegriffe der Parterreakrobatik. Doch der Weg in die Manege ist steinig: Beim ersten Engagement in einem kleinen Wanderzirkus muß sich der inzwischen Siebzehnjährige noch mit Zeltaufbau und Kulissenschieben begnügen, und sein Debüt als »Coupletsänger Ernst Teuber«

endet überhaupt mit einem Fiasko. Erst als er bei einer auf Saltos und Pyramiden spezialisierten Akrobatentruppe als Ersatzmann einspringen darf, kommt er endlich seinem Ziel näher, und drei Jahre später ist er sein eigener Chef: Unter dem Künstlernamen Patty Frank zieht er mit fünf weiteren Artisten von Stadt zu Stadt, von Land zu Land. Ob Schumann oder Hagenbeck, ob Sarrasani oder Medrano – alle namhaften Zirkusunternehmen nehmen die »Acrobatic Wonders« unter Vertrag, und mit der Nr.1, Barnum & Bailey, steigt der Wiener Kraftlackel sogar ins amerikanische Showbusineß ein.

Fragt sich nur: Wie lange kann man einen solch mörderischen Beruf ausüben? Als der Erste Weltkrieg ausbricht, ist Patty Frank alias Ernst Tobis ein Mann von 38; einer Fußverletzung wegen bleibt er vom Militärdienst entbunden. Erst mit der Weltwirtschaftskrise der Zwanzigerjahre wird's für ihn kritisch: Ein Zirkus nach dem anderen geht bankrott, am 30. April 1926 steht Patty Frank zum letztenmal in der Manege. Und was nun?

Die Antwort lautet kurz und bündig: Karl May. Patty Frank hat alle Bücher seines Lieblingsautors verschlungen, ist ihm sogar auf dessen Amerikareise persönlich begegnet. Nun, 14 Jahre nach Karl Mays Ableben, lernt er die Witwe kennen. Klara May ist dabei, den Nachlaß ihres Mannes einer sinnvollen Nutzung zuzuführen und ein Museum zu gründen. Dafür braucht man einen Kustos. Und noch etwas braucht man: weiteres Material. Patty Frank, der sich vom »Eisenarm« aus Kindertagen längst zum autochthonen »Isto Maza« gemausert hat, besitzt es in Hülle und Fülle: All die Jahre hat er wie ein Besessener indianische Gebrauchs- und Kultgegenstände gesammelt, hat, wann immer er auf seinen Amerika-Tourneen in die Nähe von Indianerreservaten kam, Skalps und Skalpiermesser,

*Den Indianern und ihrer Kultur gilt all sein Streben: Patty Frank alias
Ernst Tobis alias Eisenarm alias Isto Maza*

Jagdhemden und Schneeschuhe, Pfeile, Speere und Lanzen, Friedenspfeifen und Trommeln, Pflanzenstöcke und Totempfähle zusammengetragen, hat über kostspieligen Erwerb oder Tauschhandel noch bestehende Lücken geschlossen, und vor allem: Wissenschaftlich geschulte Ethnologen, beeindruckt vom Reichtum seiner Trophäen, gehen Patty Frank dabei zur Hand, seine Schätze fachgerecht aufzubereiten und zu katalogisieren.

Klara May macht dem gebürtigen Österreicher ein Angebot, das seinem Leben eine neue Richtung geben wird: Sie erwirbt seine Indianersammlung, vereinigt sie mit der ihres Mannes und läßt Patty Frank dafür auf dem Areal von Karl Mays Alterssitz »Villa Shatterhand« in Radebeul bei Dresden ein Blockhaus im Wildwest-Stil errichten, das nicht nur dem zu gründenden Museum, sondern auch dessen Hüter als Unterkunft dienen soll. Dreißig Jahre hindurch – bis knapp vor seinem Tod im Sommer 1959 – wird das Bleichgesicht Patty Frank in der »Villa Bärenfett« den Greenhorns aus aller Welt Leben und Gebräuche der Rothäute erklären: Die Besucherstatistik spricht von 300 000 Gästen pro Jahr. Daß er es, pittoresk durchsetzt mit Sprachbrocken aus den Idiomen der verschiedenen Indianerstämme, im angestammten Wiener Dialekt tut (und sich im privaten Wohntrakt sogar eine Tiroler Bauernstube eingerichtet hat), sorgt für zusätzlichen Reiz. Natürlich trägt er, wenn er im Dienst ist, stets den obligaten Trapperhut auf dem Kopf, und damit die Besucher des Karl-May-Museums auch etwas nach Hause tragen können, das sie lange an ihren Besuch in Radebeul erinnern wird, greift er zur Feder und schreibt eine Reihe von Büchern, die allesamt riesige Auflagen erreichen: »So lebten und starben die Indianer«, »Die Indianerschlacht am Little Big Horn«, »Ein Leben im Banne Karl Mays«.

Sieben Monate nach seinem dreiundachtzigsten Geburtstag geht Patty Frank alias Ernst Tobis alias Eisenarm alias Isto Maza in die ewigen Jagdgründe ein und wird auf demselben Radebeuler Friedhof beigesetzt, auf dem auch sein Idol begraben liegt: Karl May. Zwei Jahre darauf folgt ihm die Frau nach, die er mit 65 geheiratet hat, und siehe da, auch dieses Kapitel ist nicht ohne Pointe: Marie Barthel war zwar nicht, wie man fast vermuten möchte, eine waschechte Indianerin, aber immerhin 20 Jahre lang die Haushälterin von Klara May.

Der burgenländische Patient

Ladislaus von Almásy

Von Romanbiographien und gar von deren Verfilmung ist man einiges an Geschichtsklitterung gewohnt. Doch beim »Englischen Patienten«, der 1992 als Buch und vier Jahre darauf auch als Film weltweit Furore macht, werden alle Rekorde in punkto dichterischer Freiheit gebrochen. Wäre Ladislaus Almásy, das reale Urbild der Titelfigur, noch am Leben, er würde sich weder in der von dem niederländischen Autor Michael Ondaatje ge-

Ladislaus von Almásy zum Gedenken trägt Kairos alte Landepiste nach wie vor seinen Namen: El Almas

zeichneten Romangestalt noch in dem Hollywood-Schau-
spieler Ralph Fiennes wiedererkennen, der ihm in dem
»Oscar«-gekrönten Kinofilm Statur und Stimme gegeben
hat.

Wie also war's wirklich?

Auf Burg Bernstein kommt unser Held am 22. August
1895 zur Welt. Auf halber Strecke zwischen Lockenhaus
und Oberwart gelegen, gehört der Stammsitz der Grafen
Almásy um diese Zeit zum habsburgischen Westungarn
(und seit 1921 zum Burgenland). Der Vater, ein namhafter
Ethnologe, hat eine Steirerin geheiratet, Sohn Ladislaus
drückt in Graz die Schulbank. Als er 1914 von seinem College aus England zurückkehrt, beherrscht er sechs Sprachen, darunter Arabisch.

Seine Leidenschaft gilt der Aeronautik: Schon der Vierzehnjährige bastelt sich sein eigenes Segelflugzeug, im Ersten Weltkrieg erringt er als Kampfpilot an der italienischen Front die Tapferkeitsmedaille – die leicht gebückte
Haltung, die ihm sein Leben lang bleiben wird, rührt von
den Folgen eines Absturzes her.

Von Exkaiser Karl – zum Dank dafür, daß er ihn 1921 zu
dem (gescheiterten) Versuch, die ungarische Königskrone
zu retten, nach Budapest chauffiert hat – in den Grafen-
stand erhoben, muß sich der engagierte Monarchist, da
ohne eigenes Vermögen, um einen bürgerlichen Beruf
umsehen: Bei Steyr in Graz ist eine Stelle als Werksfahrer
frei, und als seiner Firma die Konstruktion eines wüsten-
tauglichen Geländewagens gelingt, geht er als deren Re-
präsentant nach Ägypten, wo er mit einer abenteuerlichen
Testfahrt auf der als unbefahrbar geltenden Strecke von
Assuan durch die nubische Wüste nach Khartum und den
Nil entlang bis tief in den Sudan zum erstenmal für Aufsehen sorgt. Auf den Rückzug der Österreicher von ihrem

Afrika-Projekt antwortet der Enddreißiger mit der Eröffnung einer eigenen Flugschule: Noch heute ist Kairos alte Landepiste nach ihm benannt – El Almas.

Schließlich aber wendet sich sein Interesse Substantiellerem zu: Beflügelt von ersten Erfolgen als Expeditionsleiter im Dienst von Fürst Antal Esterházy und Prinz Ferdinand von Liechtenstein, geht Ladislaus Almásy auf eigene Faust daran, die noch unerforschten Gebiete der östlichen Sahara zu erkunden. In lebensgefährlichen Einsätzen am Steuer seines Spezialautos, im Cockpit seines Motorflugzeuges und in gewaltigen Fußmärschen gelingt es ihm unter anderem, die legendäre Oase Zarzuara ausfindig zu machen sowie ein Ensemble prähistorischer Felsbilder zu entdecken, das den berühmten Höhlenzeichnungen von Altamira in nichts nachsteht. Und da Almásy nicht nur ein begnadeter Spurensucher, sondern auch ein exzellenter Kartograph und Reiseschriftsteller ist, hält er seine Forschungsergebnisse in Aquarellskizzen und Tagebuchaufzeichnungen für die Nachwelt fest: 1934 erscheint sein Buch »Unbekannte Sahara«, 1943 gefolgt von dem Bericht »Die Straße der vierzig Tage«. »Vater des Sandes« nennen ihn die Beduinen voller Hochachtung. Auch seine Reisebegleiter greifen zur Feder, und ein österreichischer Kameramann, der Almásys Expeditionsteam angehört, bringt Material für eine fünfstündige Filmdokumentation mit.

Als 1941 Rommel mit dem Afrikakorps zu seinem Wüstenfeldzug aufbricht, schlägt sich der mittlerweile fünfundvierzigjährige Almásy auf die Seite der Deutschen. Für den tollkühnen Coup, zwei Spione – 900 Kilometer quer durch feindliches Terrain – hinter die englischen Linien zu schmuggeln, wird er (im Range eines Hauptmanns der deutschen Luftwaffe) mit dem Eisernen Kreuz ausge-

*Die Filmvariante des »Englischen Patienten«: Ralph Fiennes in der
Rolle des Afrikaforschers Ladislaus von Almásy*

zeichnet, und auch ein weiteres Buch entsteht bei dem
Unternehmen: »Mit Rommels Armee durch Libyen«.
Nach Kriegsende in Budapest, nehmen die Kommunisten
den »Staatsfeind« in Haft; seiner Verurteilung entgeht er
nur dank der massiven Fürsprache ungarischer wie ägypti-
scher Freunde. Einer neuerlichen Ausreise nach Nordafrika steht mithin nichts im Wege: Ladislaus Almásy
macht sich um den Aufbau des ägyptischen Flugwesens
verdient. Nur den ihm offerierten Posten eines Leiters des
Ägyptischen Wüstenforschungsinstituts kann er nicht
mehr antreten: Von einer schlecht ausgeheilten Amöben-
ruhr niedergestreckt, tritt er 1951 schon als Todkranker
die Heimreise an. Bis Burg Bernstein schafft er es nicht
mehr, lediglich bis Salzburg, und dort, nach dreiwöchiger
aufopfernder Pflege durch das Sanatoriumspersonal und

seine aus dem Burgenland herbeigeeilte Nichte, stirbt Ladislaus Almásy am 22. März und wird auf dem Kommunalfriedhof beigesetzt.

Als vier Jahrzehnte später – durch den Bestseller »Der englische Patient« und den nach der Romanvorlage gedrehten Kinofilm gleichen Titels – die Welt auf den Namen Ladislaus Almásy aufmerksam wird, lebt auch in der Heimat des Helden die Erinnerung an ihn wieder auf: Die Ungarn erneuern zu seinem 100. Geburtstag die seit Jahren aufgelassene Grabstätte und bringen eine Sonderbriefmarke heraus, auf Burg Bernstein wird eine Gedenkplakette enthüllt, Almásys Standardwerk »Unbekannte Sahara« kommt unter dem Titel »Schwimmer in der Wüste« frisch auf den Markt, und die Biographen gehen daran, das durch Roman und Film verfälschte Bild vom »Englischen Patienten« (der zwar ein Forscher von Graden, aber in politischer Hinsicht eine schillernde Figur und übrigens auch kein Frauenheld, sondern homophil gewesen ist) zurechtzurücken.

Massa Suilling

Ernst A. Zwilling

Die Witwe und zwei der drei Kinder wohnen in einem schönen Haus am Ortsrand einer kleinen Wiener- waldgemeinde – ringsum freie Natur. Wäre da nicht das Kellerstüberl mit den beiden Elefantenzähnen vorm Kamin, käme der Gast nie auf die Idee, sich im einstigen Domizil eines berühmten Afrikaforschers zu wähnen. Da es über dessen Tod hinaus immer wieder zu anonymen Schmähanrufen kam, in deren Verlauf Worte wie »Mör- der« oder »Tierschlächter« fielen, hat man den Anschluß aus dem Telefonbuch eliminieren lassen und sich eine Ge- heimnummer zugelegt. Seither haben die Zwillings Ruhe vor naturschützerischen Eiferern und brauchen niemanden mehr darüber aufzuklären, daß der 1990 verstorbene Hausherr sich schon vor Jahrzehnten von der Großwild- jagd abgewendet und ganz auf Photosafaris umgesattelt hat. Wäre Ernst A. Zwilling noch am Leben und in seinem Beruf aktiv, könnte er heute ohne weiteres für die »Grü- nen« kandidieren. Aber allem politischen Engagement stand er ohnehin fern: Ihn interessierten ausschließlich das Leben der Wildtiere, die Geheimnisse des Buschs, sein geliebtes Schwarzafrika.

Bis zu seinem vierten Lebensjahr residiert die Familie im slawonischen Osijek, wo die Mutter daheim ist, die einer begüterten deutschen Kaufmannsfamilie entstammt. Der Vater, von Geburt Wiener, dient im Südosten der Donau- monarchie als Oberstleutnant bei einem k.u.k. Artillerieregiment. Als er 1908 nach Wien zurückbeordert wird, wohnt man zunächst in einem der Offizierspavillons der Albrechtskaserne im Prater, später in einem Zinshaus an der Elisabethpromenade nahe der Roßauerkaserne. Aber am liebsten hält sich der kleine Ernst in der großelterlichen Villa in Hietzing auf, wo ihn der Großvater, bevor er auf die Jagd geht, die Patronenhülsen stopfen läßt und die Großmutter als Vorleserin von Abenteuergeschichten und exotischen Reiseschilderungen sein Fernweh weckt.

Als der Erste Weltkrieg endet, ist Ernst gerade 14 geworden: Auch im Hause Zwilling schafft der Zusammenbruch des Kaiserreichs völlig neue Verhältnisse. Der Vater, mit seiner Familie nunmehr in Mödling ansässig, muß sich um einen neuen Beruf umsehen. Wenn er als Ernährungskontrolleur der Bezirkshauptmannschaft in den Bauernhöfen der Region Nachschau hält, ob überall die vorgeschriebenen Ablieferungsquoten eingehalten werden, sind gewaltige Wegstrecken zurückzulegen: Noch kann man die zum Teil entlegenen Streusiedlungen nicht per Bus erreichen, und Autos sind rar. Hier, auf den oft stundenlangen Fußmärschen bei Wind und Wetter, bei denen der Gymnasiast Ernst A. Zwilling bisweilen seinen Vater begleiten darf, lernt der Heranwachsende jenes ausdauernde Laufen, das er später, wenn er im afrikanischen Busch auf die Pirsch gehen wird, so vortrefflich wird brauchen können.

Doch davon ist zu dieser Zeit noch keine Rede: Ernst läßt sich nach der Matura im *Francisco-Josephinum* einschreiben, um Landwirtschaft zu studieren. In der Freizeit lauscht er den Lichtbildvorträgen im nahen Missionshaus St. Gabriel oder treibt sich im Afrikamuseum herum, in dem die in die Heimat zurückgekehrten Missionare ihre Schätze und Trophäen ausbreiten.

Im notleidenden Nachkriegsösterreich eine Stelle als Gutsinspektor zu finden, ist schwer – also versucht Jung-Zwilling sein Glück in Deutschland: Auf einem großen Besitz in Hinterpommern leistet er seine Elevenzeit ab. Aber auch die nächste Station, ein sicherer Posten als Gutsadjunkt im niederösterreichischen Oberwaltersdorf, ist weit von dem entfernt, was er, inzwischen leidenschaftlicher Leser von Expeditionsberichten, Abonnent von Jagdzeit-

Nicht nur Touristen und Großwildjäger profitieren von Ernst A. Zwilling, sondern auch die einschlägigen Museumssammlungen und (siehe Bild) der Tiergarten von Schönbrunn

schriften und stolzer Besitzer einer ersten Bockbüchsflinte, sich erträumt: Der Schwarze Erdteil zieht ihn magisch an.

Da springen Freunde seiner Eltern ein, denen es gelingt, den Vierundzwanzigjährigen an eine französische Tabakplantage in Kamerun zu vermitteln. Das Unternehmen läßt sich gut an: Zwilling erhält einen Achtzehn-Monate-Vertrag bei bestem Sold, das Ticket für die Schiffspassage sowie ein ansehnliches Akonto zum Erwerb der nötigen Tropenausrüstung. 35 Männer und 450 Frauen – alles Schwarze – unterstehen dem jungen Österreicher, hoch zu Roß dirigiert und überwacht er die Arbeit auf den weitläufigen Tabakfeldern, und um sich mit den Eingeborenen verständigen zu können, übt er sich neben dem Lateinischen, Englischen und Französischen, das er von daheim mitbringt, im landesüblichen Pidgin.

Sonntagskind, das er ist, hat Zwilling Glück im Unglück: Als im Zuge der Weltwirtschaftskrise – nur ein Jahr nach seinem Dienstantritt in Westafrika – die Großplantage in Kamerun Pleite macht, hat er genug Geld zur Seite gelegt, um sich an seiner neuen Wirkungsstätte selbständig zu machen und den Versuch zu wagen, sich als Großwildjäger zu etablieren. Das Schiffsbillet für die Rückreise nach Europa läßt er verfallen, von seinen Ersparnissen schafft er sich die nötige Ausrüstung an, heuert eine zwanzigköpfige Trägerkarawane an und taucht in den Savannen und Urwäldern Kameruns unter. Von kurzen Unterbrechungen abgesehen, werden es am Ende zehn Jahre sein, die er bis zur kriegsbedingten Rückberufung in die Heimat und dem Antritt des Militärdienstes auf dem Schwarzen Erdteil zugebracht hat: als Expeditionsleiter, als Erforscher der afrikanischen Fauna, als Sammler zoologischer und ethnologischer Objekte, die die Bestände des Völkerkundlichen und des Naturhistorischen Museums in Wien ebenso bereichern wie das Lebend-Inventar des Tiergartens von Schönbrunn.

Obwohl von der Malaria befallen und vom Schwarzwasserfieber bedroht, legt Zwilling Hunderte Kilometer zu Fuß zurück, um dem gefährlichen Rotbüffel auf die Spur zu kommen; auf einem Viereinhalb-Monate-Ritt vom Tschadsee zum Atlantik begegnet er einem der scheuesten Tiere des Kontinents: der Riesen-Elenantilope; mit einem Trupp Pygmäen wagt er sich bis in die Reviere der Gorillas vor; in Angola geht er auf Krokodiljagd; in Uganda gelingt es ihm, das vor der Ausrottung stehende Weiße Nashorn zu beobachten; und als er nach dem Krieg aus russischer Gefangenschaft wieder nach Afrika zurückkehrt, erregen nicht nur seine tollkühne Expedition ins Land der Mau-Mau und seine Erkundung der Ruinen des sagenumwobenen Goldlandes Ophir Aufsehen, sondern vor allem der von ihm gedrehte Film »Omaru«, mit dem er, nunmehr auch per Flugzeug und Landrover unterwegs, das mittelalterliche Despoten-Sultanat von Rei Buba dokumentarisch festhält (von dem in späteren Jahren nur mehr verfallene Mauern künden werden).

Als »Massa Suilling« (wie die Eingeborenen ihn anzureden pflegen) 1988, also mit 84 (!) Jahren, zu seiner letzten Safari aufbricht, um in den Vulkanbergen von Ruanda das Leben der Menschenaffen zu studieren, werden es über drei Jahrzehnte sein, die der mittlerweile mit dem österreichischen Professorentitel und dem Großen Ehrenzeichen des Landes Niederösterreich Ausgezeichnete auf dem Schwarzen Erdteil zugebracht hat – mit der ugandischen Hauptstadt Kampala als zweitem Wohnsitz.

Die eine Hälfte des Jahres – so hat sich's mit der Zeit eingespielt – ist er in Afrika unterwegs (und nunmehr nur

noch mit der Kamera statt mit der Büchse), die andere
Hälfte des Jahres hält er sich in Österreich auf, um seine
Erfahrungen und Abenteuer in Büchern wie »Steppentage – Urwaldnächte«, »Seltene Trophäen« oder »Tierparadies Ostafrika« in Radio- und Fernsehsendungen sowie in
Lichtbildvorträgen auszuwerten, die ihm – ob in der Ura-
nia, im Auditorium maximum der Wiener Universität oder
in Kinos und Gasthaussälen in der Provinz – landauf, land-
ab volle Häuser bescheren. Eingedenk der alarmierenden
Berichte der Wildhüterorganisationen versäumt Zwilling
es nicht, an Konzepten für Schutzzonen mitzuarbeiten und
den Größenwahn jener Kollegen zu geißeln, die noch
immer nicht die Zeichen der Zeit verstanden haben und
im Abschuß der »Großen Fünf« – Löwe, Leopard, Büffel,
Nashorn und Elefant – ihr wichtigstes, ja einziges Ziel er-
blicken.

Daß ein Mann wie er, der kaum einer Gefahr ausgewichen,
keine Strapazen gescheut und auch in den kritischsten Regionen Afrikas in punkto Essen und Trinken niemals wäh-
lerisch gewesen ist, sich bis ins hohe Alter seine Kondition
und Zähigkeit bewahrt, grenzt an ein Wunder. Nur die Erfüllung seines letzten Wunsches bleibt ihm versagt: das
»Kwa heri« (»Aufwiedersehen«), mit dem er sein Memoirenwerk »Der Wildnis verfallen« beschließt. Am 24. Oktober 1990, einen Monat nach seinem 86. Geburtstag, stirbt
Ernst A. Zwilling im Krankenhaus von Baden bei Wien; auf
dem Hietzinger Friedhof wird er beigesetzt.

Löwin Elsas Ziehmutter

Joy Adamson

Opava, die Industrie- und Universitätsstadt im Nordosten Tschechiens. Wien liegt 40 Kilometer näher als Prag: Troppau ist bis 1918 die Hauptstadt des österreichischen Kronlandes Schlesien. Die Na Rybničku, gleich hinter der alten Stadtmauer, heißt zu der Zeit, da hier noch für 90 Prozent der Bevölkerung Deutsch die Umgangssprache ist, Teichgasse. Nr. 48 ist ein vierstöckiger Gründerzeitbau aus rotem Klinker. 1985 bringt der örtliche Naturschutzbund neben dem Haustor eine Tafel an: »Hier wurde am 20.1.1910 die weltbekannte Naturschützerin, Malerin und Schriftstellerin Friederike Gessner geboren.«

Weltbekannt? Eine Friederike Gessner wird man in keinem Lexikon finden.

Dafür um so ausführlicher Joy Adamson. Und nun ist mit einem Schlag alles klar: Löwin Elsa …

Vater Victor Gessner ist Oberbaurat, österreichischer Staatsbeamter. Die interessantere Linie ist die der Mutter: Die Weisshuhns betreiben eine Papierfabrik im nahen Zimrowitz, einer der Urahnen hat zum Freundeskreis Thomas Alva Edisons gezählt. Seifenmühle heißt der herrschaftliche Familienbesitz am Ufer der Mohra, 25 Kilometer vor Troppau. Jedem der Kinder wird nach der Geburt ein Goldstück ins Badewasser gelegt – als Glücksbringer. Daß Friederike nicht der ersehnte Stammhalter geworden ist, verdrießt den Vater: Trotzig ruft er sie

Tragisches Ende eines auch sonst ungewöhnlichen Lebens:
Joy Adamson wird mit 69 Opfer eines heimtückischen Raubmordes

»Fritz« und steckt sie in Bubenkleider. Ihr Lieblingsspiel-
zeug ist kein Stofftier, sondern ein Lebewesen: das Albi-
no-Kaninchen »Hasi«.

Als Friederike zwölf ist, geht die Ehe der Eltern in die
Brüche: Die Mutter übersiedelt nach Wien, und der tem-

peramentvolle blonde Backfisch an ihrer Seite nutzt alle
Möglichkeiten der Millionenstadt. Zuerst aus der Klavier-
klasse in die Modeschule wechselnd, lernt sie als nächstes
Bilder restaurieren und nimmt Gesangsunterricht,
schließlich versucht sie sich als Plakatmalerin, absolviert
einen Photokurs und statiert bei Max Reinhardt am Theater in der Josefstadt. Und wie es der Zeitgeist verlangt, läßt
sie sich natürlich auch auf der Couch eines Psychoanaly-
tikers nieder. Dabei ist sie noch mit 18, als sie zum erstenm-
mal auf den Hofburgball darf, unaufgeklärt – ihr Ero-
tik-Wissen holt sie sich aus der Leihbücherei: van de
Velde. Und aus dem Seziersaal.

Auch das Medizinstudium bricht Friederike vorzeitig ab.
Dafür wird geheiratet. Victor von Klarwill ist eine Winter-
sport-Liaison – im Frühjahr 1937 vermittelt ihr der exzen-
trische Gespons eine Reise in jenen Erdteil, der ihr zum
Schicksal werden wird: Afrika. Noch auf der Überfahrt
bahnt sich die zweite Ehe an: Peter Bally, Schweizer
Forschungsreisender mit Sitz in Nairobi, weckt in der
mittlerweile Achtundzwanzigjährigen das Interesse für
Botanik. Und jetzt endlich, überwältigt von den Natur-
schönheiten Kenias, wird sie sich auch über ihre künftige
berufliche Bestimmung klar: Friederike, ihren betulichen
Mädchennamen gegen das polyglott-forsche Joy tau-
schend, wird Pflanzenzeichnerin, illustriert Bücher über
die Flora Ostafrikas. Und als sie 1941 den Engländer George Adamson kennenlernt, der einem der Tierreservate
als Wildheger vorsteht, wechselt sie nicht nur ein weiteres
Mal den Partner, sondern auch den Forschungsgegen-
stand: Sie macht sich ans Sammeln und Porträtieren von
Fossilien, Reptilien und Insekten.

Um ihren Mann bei dessen Expeditionen zu begleiten,
lernt sie schießen, und als es ihr auf einer der Safaris ge-

lingt, ein verlassenes Zebra-Baby zu retten, ist auch ein für
allemal die Begeisterung für die Erhaltung der afrikanischen Wildtiere in ihr geweckt: Joy Adamson bringt ihre
Erlebnisse im Busch zu Papier, wird Mitarbeiterin ethno-
graphischer Zeitschriften, reist zu Lichtbildvorträgen
durch die Lande. In die alte Heimat kehrt sie nur noch
zurück, um ihrer Familie im Nachkriegs-Wien ihren Mann
vorzustellen: Nie mehr wird sie vom Schwarzen Erdteil
loskommen.

1. Februar 1956. George Adamson rückt von seinem Camp
aus, um einen Löwen unschädlich zu machen, der soeben
einen Eingeborenen angefallen hat. Und was bringt er, als
er mit dem Landrover von seinem Einsatz zurückkehrt,
mit? Drei Löwenbabys. Es sind die zwei Wochen alten
Jungen jener nolens volens getöteten Raubkatze. Man
behält sie bei sich im Zelt, zieht sie mit der Flasche auf.
Niemand denkt daran, sich mit verzärtelten Haustieren zu
umgeben: Die natürlichen Instinkte der drei Waisen sollen
unter allen Umständen unangetastet bleiben. Und als sie
groß genug sind, landen »Lustica« und »The Big One« im
Zoo von Rotterdam. Nur »Elsa«, das dritte, erweist sich als
so anhänglich, daß man sich nicht von ihm trennen mag.
Erst mit Eintreten der Geschlechtsreife wird es in die
Freiheit entlassen – mit dem erstaunlichen Resultat, daß
Elsa aus eigenem Antrieb wieder und wieder auf »Besuch«
zu seinen Ersatzeltern zurückkehrt, ja ihnen sogar eines
Tages die eigene Brut »vorführt«.

Kann man solche Erlebnisse für sich behalten? Joy Adamson setzt sich an die Schreibmaschine. »Löwin Elsa«, »Für
immer frei« und »Löwin Elsa und ihre Jungen« werden
Weltbestseller, das Leben der Adamsons wird verfilmt, ein
Großteil der Tantiemen fließt in einen Fonds zur Errichtung weiterer Tierreservate. Es folgen Vortragsreisen in

COLUMBIA · BAVARIA FILM und CARL FOREMAN
zeigen
VIRGINIA McKENNA · BILL TRAVERS
in
FREI GEBOREN
DIE KÖNIGIN DER WILDNIS
Produktion : SAM JAFFE und PAUL RADIN   Regie : JAMES HILL
PANAVISION (R)   TECHNICOLOR (R)

Joy Adamson im Film, verkörpert von der US-Schauspielerin Virginia McKenna (hier eine Szene aus »Frei geboren«)

sämtliche Erdteile sowie eine Fülle von Auszeichnungen, darunter (1977) das Österreichische Ehrenkreuz für Wissenschaft und Kunst. Nur die neue Heimat Afrika versagt Joy Adamson und ihrem Lebenswerk den ihr gebührenden Dank: Am 3. Jänner 1980, wenige Tage vor ihrem 70. Geburtstag, wird sie, von Eingeborenen aus dem Hinterhalt überfallen, an einer entlegenen Stelle des Shaba-Reservats in Nordwest-Kenia erschossen aufgefunden. Raubmord. Und ein Jahr darauf widerfährt ihrem Mann das gleiche Schicksal. Ihrer beider Asche wird im Meru-Nationalpark von Freundeshand in alle Winde verstreut.

V TOMTO DOMĚ SE 20.1.1910 NARODILA SVĚTOZNÁMÁ OCHRÁNKYNĚ AFRICKÉ PŘÍRODY, SPISOVATELKA A MALÍŘKA

J O Y A D A M S O N O V Á

VĚNUJE ČESKÝ SVAZ OCHRÁNCŮ PŘÍRODY V OPAVĚ – 1985

Aus der »höheren Tochter« Friederike Gessner wird die Pflanzenzeichnerin, Naturforscherin, Wildhüterin und Bestsellerautorin Joy Adamson (hier eine der Gedenktafeln in ihrer Kindheitsheimat Schlesien)

Der Käfer aus der Kronenstraße 24

Ferdinand Porsche

Ach, diese Klischees! Vom Spenglerlehrling zum Chef-konstrukteur, aus der böhmischen Dorfhütte in die Stuttgarter Luxusvilla – man traut sich's kaum nieder-schreiben. Und doch: Es stimmt haargenau.

Lokalaugenschein, Sommer 1999: Das schmucklose ein-stöckige Haus Hauptstraße Nr. 38 ist, seitdem Reichen-berg Liberec heißt und die Vorortgemeinde Maffersdorf Vratislavice, höchstens *noch* schäbiger geworden. Von hier also ist Ferdinand Porsche vor einem Jahrhundert ausge-zogen, zu Deutschlands Automobilkönig aufzusteigen. Auf dem Dorffriedhof, unweit dem Neiße-Ufer und der Lo-kalbahn Richtung Gablonz, ruhen die Eltern.

Anton, der ältere Bruder, stirbt nach einem Arbeitsunfall, also soll Ferdinand in die Weiterführung des Betriebs hin-einwachsen. Der aber experimentiert lieber in seinem Dachbodenversteck mit der seit kurzem auch im Sudeten-land aufkommenden Elektrizität. Und als ihm das Kunst-stück gelingt, das Elternhaus mit eigenem Strom zu ver-sorgen, gibt sogar der strenge Vater seinen Widerstand auf und läßt den Sechzehnjährigen im fünf Kilometer entfern-ten Reichenberg einen Abendkurs in der k.u.k. Staatsge-werbeschule belegen.

Schon die nächste Stufe der Karriereleiter ist Wien: In der Firma Bela Egger, dem Vorläufer von Brown-Boveri, bringt Ferdinand es binnen vier Jahren bis zum Leiter der Prüfstelle. Und mit 25 macht er zum erstenmal Schlagzei-

len: Sein für das Elektromobil der Floridsdorfer Hofkut-
schenfabrik Jakob Lohner & Co. konstruierter Radnaben-
motor ist die Sensation der Pariser Weltausstellung von
1900. Die »Porsche-Lohner-Chaise« ist der erste transmis-
sionslose, der erste Wagen mit Vorderradantrieb!

Klar, daß ein solches Erfinderkaliber für höhere Aufgaben
bestimmt ist: Ferdinand Porsche wechselt zu Austro-
Daimler. Hier, in der größten Autofabrik des Landes, darf
er nicht nur (von ihm selbst gesteuerte) Rennwagen
bauen, Autobusse und Flugmotoren, ja sogar erste Hub-
schrauberpläne entwickeln, sondern auch der Rüstungsindustrie zuarbeiten: Die von ihm konstruierte Zugmaschi-
ne ermöglicht es den österreichischen Geschützen – es ist
Krieg inzwischen –, auch steilste Paßstraßen zu bezwin-
gen. Seine Majestät der Kaiser revanchiert sich mit der
Verleihung des Offizierskreuzes des Franz-Joseph-Or-
dens.

Ob Herrn Direktor Porsche wohl der 17 Jahre jüngere
Gastarbeiter aus Kroatien aufgefallen sein mag, dem auf
demselben Wiener Neustädter Werksgelände für ein paar
Monate die Aufgabe zugefallen ist, auf der zehn Kilometer
langen Teststrecke die fabrikneuen Autos »einzufahren«?
Es ist Josip Broz, der in späteren Jahren unter dem Namen
Tito der erste Präsident der Republik Jugoslawien sein
wird …

Schwierig wird's für den Mittvierziger Porsche in den ersten Jahren nach dem Zusammenbruch der Monarchie:
Austro-Daimler stellt von der Rüstungsfertigung wieder
auf Pkw-Bau um, das zur Verfügung stehende Investiti-
onskapital kann mit den technischen Höhenflügen des
Chefkonstrukteurs nicht Schritt halten, Ferdinand Porsche versucht sein Glück in Deutschland. Für Daimler in
Stuttgart-Untertürkheim baut er Sportwagen, Lkw und

Flugmotoren. Doch die Fusionierung mit Benz wirft neue Probleme auf, also eröffnet der frisch gebackene Ehrendoktor der Technischen Hochschule Stuttgart – nach einem zweijährigen Zwischenspiel in der alten Heimat als Chef von Steyr – sein eigenes Konstruktionsbüro. Und hier, in der Kronenstraße 24 in Stuttgart-Feuerbach, entstehen die endgültigen Pläne für jenen Autotyp, der viele Jahre später unter dem Namen »Volkswagen« die Welt erobern wird.

Die »Vorarbeit« dafür hat allerdings ein anderer (und ebenfalls gebürtiger Österreicher) geleistet: der um vieles jüngere Béla Barényi. Der Enkel des Inhabers der Hirtenberger Patronenfabrik – so ist durch ein einige Jahre nach Porsches Tod ergangenes Urteil der Patentkammer beim

Nach 1945 wegen seiner Verstrickungen ins Hitler-Regime von den Besatzungsmächten interniert: Ferdinand Porsche

Landgericht Mannheim rechtskräftig bestätigt – hat bereits 1926 mit seiner der Wiener Lehranstalt für Maschinenbau und Elektrotechnik vorgelegten Diplomarbeit die Entwicklung der »entscheidenden Konstruktionsmerkmale« des späteren »Käfers« vorweggenommen.

Das »Stammhaus« der Porsches ist ein kleiner Handwerkerbetrieb in der Reichenberger Vorortgemeinde Maffersdorf

Während jedoch Barényi mit seinen kühnen Ideen bei den Automobilherstellern abblitzt, kann sich der bereits arrivierte Porsche die Auftraggeber selbst aussuchen. Für Zündapp entwickeln 1932 er und sein Team einen ersten Kleinwagen, gefolgt von einer Variante für NSU; eines seiner Rennautos fährt, Asse wie Stuck und Rosemeyer am Steuer, Weltrekorde ein. Ein Offert aus Rußland, an die Spitze der dortigen Pkw-Industrie zu treten, schlägt er aus. Dafür schreiten die Vorarbeiten für den geplanten VW-Käfer um so zügiger voran. Unter 1000 Mark soll er kosten – Hitler schaltet sich in das Jahrhundertprojekt ein, 300 000 »Volksgenossen« beginnen Sparmarken zu kleben, 1938 erfolgt die Grundsteinlegung für das eigene Werk im 600 Kilometer entfernten Wolfsburg. Doch je näher der Krieg rückt, desto knapper werden die Mittel: Porsche läßt sich in die Aufrüstung der Deutschen Wehrmacht verstricken, steigt vor allem in die Panzerfertigung ein.

In Deutschland fallen die ersten Bomben, Reichsminister Speer drängt Porsche, sein Stuttgarter Konstruktionsbüro auf sichereres Terrain zu evakuieren: in die alte Heimat, die mittlerweile »Ostmark« heißt. Das Rüstungskommando in Salzburg weist ihm im November 1944 eine Betriebsstätte im Kärntner Maltatal zu. Von hier hat er's nicht allzu weit zu seinem Landgut in Zell am See, das Porsche vor kurzem für sich und seine Familie erworben hat.

Nach dem Krieg wird's eng für den ehemaligen Parteigenossen und »Pionier der Arbeit«: Porsche, nun wieder in Stuttgart ansässig, wird zuerst von den Amerikanern, dann von den Franzosen interniert; seine Kinder, Louise Piëch und Ferry Porsche, führen das nahezu 400 Patente umfassende Lebenswerk des Vaters fort. Er selber stirbt fünf Monate nach dem 75. Geburtstag und wird in der Kapelle seines Landgutes in Zell am See beigesetzt.

Die Eltern und der ältere Bruder: Auf dem Dorffriedhof von Vratislavice können »Porsche-Pilger« den Wurzeln des genialen Autokonstrukteurs nachgehen

Großonkel der Weltraumfahrt

Hermann Oberth

Vor vier Wochen ist er fünfundsiebzig geworden, die Landung der US-Astronauten auf dem Mond mutet wie ein verspätetes Geburtstagsgeschenk an. Auch wenn Hermann Oberth sein Amerika-Zwischenspiel schon vor Zeiten beendet hat und nun in seinem Haus bei Nürnberg die Freuden des Ruhestandes genießt: Der Triumph des Duos Armstrong/Aldrin ist auch *sein* Triumph. An diesem 20. Juli 1969 rührt der alte Herr keine Hand in seinem geliebten Blumengärtchen, unterbricht auch die Schopenhauer- und Kant-Lektüre, der er sich seit Wochen hingibt, sitzt wie alle Welt gebannt vorm Fernsehschirm. Bloß um läppische paar Jahre hat er sich verschätzt, als er im April 1959 im Wiener Konzerthaus seinen Vortrag »Am Vorabend der Weltraumfahrt« hielt und mit fester Stimme verkündete: »In fünf Jahren sind wir auf dem Mond!«

Es muß so etwas wie Bestimmung sein: Immer ist er mit seinen Berechnungen seiner Zeit um ein gutes Stück voraus, aber wenn es dann schließlich soweit ist, sind es jedesmal die anderen, die die Ernte einfahren. Der »Vater der Raumfahrt«, wie er sich gerne nennen läßt, hat's halt doch nur bis zum Großonkel gebracht. Man müßte sich einmal sein Horoskop ansehen: Bestimmt spiegelt sich in den Konstellationen des Zwilling-Geborenen dieses Dilemma wieder, vom Part des Konzertmeisters regelmäßig auf die zweite Geige zurückverwiesen zu werden.

In Hermannstadt, dem zu dieser Zeit zu Österreich-Ungarn gehörenden Zentrum der Siebenbürger Sachsen, kommt er am 25. Juni 1894 zur Welt. Wie sein Vater soll er die ärztliche Laufbahn einschlagen; in der Nachbarstadt Schäßburg (dem heute rumänischen Sighisoara) absolviert er Grundschule und Gymnasium. Daß er neben dem Medizinstudium an der Universität München auch Vorlesungen an der Technischen Hochschule belegt, ist auf ein Buch zurückzuführen, das er schon als Bub verschlungen hat: Jules Vernes 1865 erschienener Zukunftsroman »Von der Erde zum Mond«.

97 Stunden und 20 Minuten braucht das von dem französischen Science-fiction-Autor geschilderte Mondfahrzeug für den Direktflug auf den Erdtrabanten. Doch was sich in Jules Vernes Vorstellung noch wie ein Mittelding zwischen pulverbetriebener Hohlgranate, Arche Noah und plüschgepolstertem Eisenbahnwaggon ausnimmt, wird am Reißbrett des Physikstudenten Hermann Oberth zur High-tech-Rakete mit Rückstoßtechnik und Flüssigkeitsantrieb.

Damit seine Konstruktionsdaten exakte Gestalt annehmen können, muß er allerdings erst noch sein durch den Ersten Weltkrieg unterbrochenes Physikstudium vertiefen: Oberth inskribiert an den Universitäten von München, Göttingen und Heidelberg. Doch für ein Dissertationsthema wie »Die Rakete zu den Planetenräumen« ist die Zeit offensichtlich noch nicht reif: Seine Doktorarbeit wird abgelehnt. Wie wär's, wenn man sie in Buchform unter die Leute brächte? Der angesehene Münchner Wissenschaftsverlag Oldenbourg nimmt das Manuskript unter der Bedingung an, daß der Verfasser selber für die Druckkosten aufkommt. Und Hermann Oberths Erstling – Erscheinungsjahr: 1923 – schlägt ein. Sogar eine Handvoll

»Kandidaten« meldet sich – mit der Zusage, am Tag X für die Realisierung von Oberths Raumfahrtplänen zur Verfügung zu stehen. Was verheißt er ihnen?

1. *Beim heutigen Stand der Wissenschaft ist der Bau von Maschinen möglich, die höher steigen können, als die Erdatmosphäre reicht.*
2. *Bei weiterer Vervollkommnung vermögen diese Maschinen solche Geschwindigkeiten zu erreichen, daß sie – im Ätherraum sich selbst überlassen – nicht auf die Erdoberfläche zurückfallen müssen und sogar imstande sind, den Anziehungsbereich der Erde zu verlassen.*
3. *Derartige Maschinen können so gebaut werden, daß Menschen – wahrscheinlich ohne gesundheitlichen Nachteil – mit emporfahren können.*
4. *Unter gewissen wirtschaftlichen Bedingungen kann sich der Bau solcher Maschinen lohnen. Diese Bedingungen können in einigen Jahrzehnten eintreten.*

Hermann Oberth wird in allen vier Punkten recht behalten. Nur die wissenschaftliche Planstelle, die es erlaubte, seine Ideen in die Tat umzusetzen, läßt auf sich warten. Der mittlerweile Dreißigjährige kehrt also erst einmal in seine Heimat Siebenbürgen zurück, muß sich mit einem Posten als Gymnasiallehrer für Mathematik und Physik in Schäßburg begnügen. Der Würzburger Bankier, der sich interessiert zeigt, Oberths Raketenprojekt zu finanzieren, zieht sein Offert zurück, als das Urteil des beigezogenen Hochschulgutachters negativ ausfällt.
Da eröffnen sich plötzlich beim *Film* neue Chancen: Regisseur Fritz Lang hat 1928 – nach einem Skript seiner Frau, der Romanautorin Thea von Harbou, und mit Hermann Oberth als technischem Berater – den UFA-Streifen

Wiener Messe 1931: Hermann Oberth (links im Bild) mit dem Modell der von ihm entwickelten Versuchsrakete

»Die Frau im Mond« gedreht und will zu dessen Kinostart eine kleine Stratosphärenrakete zünden lassen. Doch Oberth, der mit der Abwicklung des Spektakels betraut ist, erleidet bei den Versuchsarbeiten einen Unfall, der sein Augenlicht gefährdet – das Unternehmen muß abgeblasen werden.

Wien, zehn Jahre später. Die Technische Hochschule, endlich auf das schlummernde Talent aufmerksam geworden, richtet in der Nähe von Felixdorf eine Raketen-Versuchsstation ein, in der Oberth seine komplizierten Verbrennungsexperimente durchführen kann. Und 1941 – die deutsche Rüstungsindustrie hat soeben die Vorarbeiten für die »Wunderwaffe« V 2 aufgenommen – wird der Siebenundvierzigjährige an die Heeresversuchsanstalt Peenemünde dienstverpflichtet, in der Wernher von Braun technischer Direktor ist. Die eigentliche Bewährung wartet allerdings erst in Wittenberg auf ihn, wo 1943 unter Oberths Leitung eine Flugabwehrrakete entwickelt werden soll. Doch abermals hat er Pech: Auf die Leuna-Werke fallen Bomben, die Ammoniumsalpeterproduktion muß eingestellt, das Projekt mangels Treibstoffs fallengelassen werden.

Nach Kriegsende von den Alliierten interniert, wird Hermann Oberth zwar noch im Sommer 1945 entlassen, findet jedoch in Deutschland keine Arbeit und muß sich mit der Erstellung von Gutachten für das Schweizer Militärdepartement, mit Vortragsveranstaltungen sowie mit wenig befriedigender Tätigkeit in einer Fabrik für Feuerwerkskörper durchbringen.

1955 von Wernher von Braun in Italien aufgespürt, wo Oberth mit der Entwicklung einer neuen Flugabwehrrakete befaßt ist, holt ihn der frisch ernannte Chef des US-Raumfahrtzentrums und spätere Leiter der NASA-Planung nach Amerika, und hier, in der »Rocket City« von Huntsville/Alabama, kann er endlich an jenen geheimen Forschungsprojekten mitwirken, die in letzter Konsequenz zu den Weltraumtriumphen der Sechzigerjahre führen werden.

Auch als er 1958 nach Deutschland zurückkehrt, um sein Leben in der fränkischen Kleinstadt Feucht zu beschließen, läßt ihn die Beschäftigung mit der Raketentechnik nicht los: Mit Büchern wie »Menschen im Weltraum« und »Das Mondauto« rundet Hermann Oberth sein Lebenswerk ab. Als er am 29. Dezember 1989 – zwölf Jahre nach dem Tod seines Mentors Wernher von Braun – fünfundneunzigjährig stirbt, wird ihm in jedem seiner Nachrufe ehrfurchtsvoll bescheinigt werden, die kühnen Voraussagen des einst als Phantast Belächelten seien allesamt Wirklichkeit geworden.

Die Marseillaise von Ruppersthal

Ignaz Pleyel

Wißbegierige Anrainer der Ignaz-Pleyel-Gasse in Inzersdorf bleiben ganz auf sich gestellt: Keine Zusatztafel, die sie – wie in vielen anderen Wiener Straßen Usus – über Identität und Bedeutung des Namensgebers aufklärt.

Paris ist anders. Der Flaneur, der mit der Rue Pleyel im Arrondissement Reuilly nichts anfangen kann, weiß zumindest, daß die »Salle Pleyel« am Faubourg St. Honoré die berühmteste und mit ihren 3000 Plätzen größte Konzerthalle der Stadt ist; wer an der Station Carrefour-Pleyel in die Métro einsteigt, kann sich unschwer auf die mit Notenbeispielen dekorierten Perrons einen Reim machen, und seitdem das Österreichische Kulturinstitut bei der Verwaltung des Pariser Prominentenfriedhofs Père Lachaise die Anbringung einer Zusatzplakette am Sockel des Pleyel-Grabmals durchgesetzt hat, ist für jedermann sichtbar, daß der 1831 hier Bestattete ein »Autrichien« gewesen ist: »Né à Ruppersthal«.

Ruppersthal im Weinviertel, Ortsteil von Großweikersdorf, 583 Einwohner, 500 000 Liter Grüner Veltliner pro Jahr. Spätestens seit der Sonderbriefmarke des Jahres 1994, der Aufführung des Festspiels »Pleyel, der vergessene Sohn unserer Heimat«, dem auf einer ORF-CD festgehaltenen Millenniumskonzert in der Pfarrkirche und der Eröffnung des Pleyel-Museums in der ehemaligen Dorfschule weiß jeder Ruppersthaler, wer da vor über 200 Jahren (so der Titel einer der vielen Gedenkveranstaltungen) »von Niederösterreich in die Welt« hinausgezogen ist.

Martin Pleyl (er noch ohne das polyglotte e zwischen dem y und dem l) ist Schulmeister, Organist und Mesner in einer Person. Auch Sohn Ignaz zählt zu seinen Zöglingen.

Mozart über den ein Jahr jüngeren Kollegen Pleyel:
»Seine Quartette sind sehr angenehm ...«

Von Mutter Anna Theresia wird gemunkelt, sie sei eine wegen eines amourösen Fehltritts von der Familie verstoßene Gräfin Schallenberg. Wie auch immer: Der am 18. Juni 1757 zur Welt gekommene Ignaz zeigt musikalisches Talent, die Eltern schicken ihn zur Ausbildung nach Wien. Der Dittersdorf-Adept Johann Baptist Vanhal, sein erster Lehrer, kann seine Gönner, die Grafen Erdödy, dazu überreden, das junge Genie der Obhut der Esterhazys in Eisenstadt anzuvertrauen – satte 100 Louisdor pro Jahr lassen sie sich »Lehre und Pension« bei »Papa Haydn« kosten. Auch Meister Gluck spart, als ihm die ersten Kom-

In der ehemaligen Dorfschule von Ruppersthal:
Was wäre ein Pleyel-Museum ohne Pleyel-Flügel?

positionen des Neunzehnjährigen vorgelegt werden, nicht mit (kritischem) Lob: »Junger Freund, Sie haben gelernt, Noten aufs Papier zu setzen. Nun müssen Sie nur noch lernen, die überflüssigen wieder zu streichen.« Und der ein Jahr ältere Mozart schreibt an seinen Vater: »Seine Quartette sind sehr angenehm. Wenn Du sie noch nicht kennst, such sie zu bekommen, es ist der Mühe wert.«

1783 wird im Straßburger Münster eine Stelle frei, der Sechsundzwanzigjährige übersiedelt als Adjunkt des Domkapellmeisters ins Elsaß. Noch bevor er dessen Nachfolge antritt, hat er die Staatsbürgerschaft gewechselt: Aus dem Österreicher Pleyl wird der Franzose Pleyel. Als die Revolution ausbricht, hilft ihm das freilich wenig: Als Landsmann der verhaßten Königin Marie Antoinette kann er sich der Guillotine nur entziehen, indem er lautstark

den neuen Herren huldigt und für eine der Revolutions-
feiern eine »Hymne à la Liberté« schreibt. Seinen kirch-
lichen Posten ist er dennoch los: Die Domgottesdienste
sind eingestellt, Kardinal Rohan flieht ins Exil, Pleyel selber weicht nach London aus, wo inzwischen auch sein
Lehrer Haydn konzertiert.

Als er die Zeit gekommen sieht, einen Neuanfang in Straßburg zu riskieren, landet Pleyel im Kerker. Und um der
abermals drohenden Hinrichtung zu entgehen, komponiert er binnen einer Woche, von zwei Gendarmen Tag
und Nacht bewacht, eine achtstündige Revolutionsmusik,
dcren monströse Pathetik – unter Einsatz von Kirchen-
glocken, Massenchören und Schlachtenlärm – die Repu-

Szene aus »Ifigenia in Aulide« von I. Pleyel

Die Esterhazys lassen es sich 100 Louisdor pro Jahr kosten,
den jungen Pleyel bei »Papa Haydn« in die Lehre zu schicken

blikaner derart begeistert, daß sie ihren Schöpfer in die
»Ehrenliste der Revolutionskünstler« aufnehmen. Daß er
vermutlich auch die Musik für die Marseillaise beigesteuert hat, kann er freilich nicht auf seine Fahne heften: Das
ursprünglich den Soldaten der Rhein-Armee zugedachte
Kampflied geht auf einen blutrünstigen Text des Straßburger Pionierhauptmanns Rouget de Lisle zurück, und
mit dem ist Pleyel zwar gut Freund, wohnt mit ihm im sel-

Von Chopin bis Rubinstein: Ein Pleyel-Piano muß es sein!

ben Haus und hat auch schon eines seiner früheren Werke
vertont, aber daß die Noten zu »Allons, enfants de la pa-
trie« nicht von einem Franzosen, sondern von einem Ausländer stammen sollen, ist allseits unzumutbar, und so
bleibt es wohl für alle Zeiten dabei: Textdichter Rouget de
Lisle, obzwar in punkto Musik nur als exzellenter Sänger
und Geiger ausgewiesen, hat auch die *Melodie* der Natio-
nalhymne geschrieben.

Das zweite Leben des Ignaz Pleyl alias Ignace Pleyel setzt
1795 mit seiner Übersiedlung nach Paris ein: Der Achtunddreißigjährige, dessen Sinfonien, Streichquartette und
Opern nun immer seltener aufgeführt werden, gründet
einen Musikverlag mit eigener Notenstecherei, steigt in
den Instrumentenhandel ein und errichtet eine Klavier-
fabrik, deren Ruhm schon bald den Ruhm des Komponi-

sten gleichen Namens übertreffen wird. Mit der Übergabe des florierenden Unternehmens an seinen Sohn Camille anno 1824 zieht sich der inzwischen Siebenundsechzigjährige auf sein Landgut in der Nähe von Paris zurück, wo er am 14. November 1831 stirbt.

Der Junior, mit Hector Berlioz' Exbraut Marie Félicité Denise Moke, einer zu ihrer Zeit berühmten Konzertpianistin, verehelicht, hinterläßt keinen männlichen Erben: Der Name Pleyel bleibt nur mehr als Taufpate des führenden Pariser Konzertsaals erhalten und als Klaviermarke. Heute werden die schon von Chopin, Rubinstein und Saint Saëns hochgeschätzten Pleyel-Flügel in einer Werkstätte der südostfranzösischen Provinzstadt Alès hergestellt – und das auch nur, weil sich das Nachfolgeunternehmen des »Autrichien« mit einer Zusatzproduktion von Radio- und Fernsehgeräten über Wasser hält.

»Da kann man halt nix machen …«

Fritz Kreisler

Sein Fronteinsatz in Galizien ist nur eine Sache von Tagen: Verwundet und auf Dauer für untauglich erklärt, kehrt der Leutnant der Reserve Fritz Kreisler, 39 Jahre alt, in seine Heimat zurück. Durch eine Blitzkur in Baden bei Wien einigermaßen wiederhergestellt, trifft er noch im Dezember 1914 in New York ein und absolviert in der Carnegie Hall sein nächstes Konzert. Aber auch er, der erklärte Liebling der Amerikaner, bekommt die antideutsche Stimmung dieser Tage zu spüren, die das verbündete Österreich-Ungarn miteinschließt: Mehrere Zeitungen veröffentlichen Hetzartikel gegen ihn, bei einem Spaziergang in Pittsburgh wird er angerempelt, und daß er einen Teil seiner Gagen den Kriegswaisen gefallener Kameraden zukommen läßt, macht ihn vor allem der einflußreichen Veteranenvereinigung »American League« zum Feind.

Die es gut mit ihm meinen, raten ihm, sich bis auf weiteres dem Konzertbetrieb fernzuhalten und auch jeden Kontakt mit der Presse zu meiden. Kreisler hält sich daran – bis zu jenem Novembertag 1916, da auch die US-Blätter den Tod des österreichischen Kaisers melden und Franz Joseph I. in ihren »Nachrufen« als blutrünstiges Monstrum hinstellen. Alle Bedenken, sich eventuell seine Karriere zu ruinieren, beiseite schiebend, gewährt er der »New York Times« ein Interview und stellt sich mutig hinter den Mann, unter dessen Fahne er gekämpft hat:

»Ich kannte den Kaiser, habe wiederholt vor ihm gespielt. War die hochtrabende Musik beendet, die nach Ansicht der Zeremonienmeister auf das Programm eines Hofkonzertes gehörte, wandte er sich – schlicht wie ein Kind – zu mir und ersuchte mich in halb entschuldigendem Ton und mit leiser Stimme, ich möge doch auch noch ein paar einfache Melodien spielen, die ihm vertraut seien und die er verstehe.« Und dann holt Kreisler zu einer leidenschaftlichen Verteidigung des nach seiner Meinung nicht nur bescheidenen, grundgütigen und überkorrekten, sondern auch staatspolitisch hochverdienten Monarchen aus: Bekenntnis eines noblen Charakters, der neben seinem hohen Rang als einer der gefeiertsten Künstler seiner Zeit immer auch ein treuer Österreicher geblieben ist.

Fritz Kreisler wächst in Wien auf, der Vater ist Arzt, Wohnung und Ordination befinden sich in einer der Nebengassen der Wiedner Hauptstraße. Jeden Samstag trifft sich Dr. Samuel Kreisler mit Freunden zu gemeinsamem Musizieren in seiner Wohnung. Sohn Fritz, am 2. Februar 1875 geboren, ist noch keine vier Jahre alt, da bringt ihm der Vater bereits das Notenlesen bei. Die Folge: So oft Papas Streichquartett »patzt«, nimmt der Knirps schaudernd Reißaus und sperrt sich im Kinderzimmer ein. Aus einer Zigarrenkiste, die er mit Schnürriemen bespannt, bastelt er sich seine erste »Geige«. Und noch bevor er in die Schule kommt, schickt man ihn zu Jacques Auber, dem mit der Familie Kreisler befreundeten Konzertmeister des Ringtheaters, zum Musikunterricht. Binnen kurzem hat er den Vater überflügelt – mit dem Resultat, daß dieser daraufhin sein Instrument an den Nagel hängt und auf Cello »umsattelt«.

Das Mindestalter für die Aufnahme ins Wiener Konservatorium beträgt 14 Jahre – Fritz Kreisler schafft es mit

sieben. Für sein Debüt bei einem Wohltätigkeitskonzert
in Karlsbad erhält er als »Gage« eine Schachtel Pralinen.
Ansonsten ein ganz normaler Bub, trifft es ihn um so
mehr, daß er, um die fürs Violinspiel erforderliche Finger-
fertigkeit nicht zu gefährden, von allen »einschlägigen«
Sportarten ausgeschlossen bleibt: Tennis, Fußball, Rad-
fahren.

Mitentscheidend für die spätere Weltkarriere: Fritz Kreisler hat das Glück, in die Hände der besten Lehrer seiner
Zeit zu gelangen. Joseph Hellmesberger junior weiht ihn
in alle Geheimnisse seines Instruments ein, bei Anton
Bruckner lernt er Harmonielehre und Musiktheorie, bei
Léo Delibes in Paris Komposition. Die Familie muß sämtliche Ersparnisse zusammenkratzen, um dem Halbwüchsigen, begleitet von seiner Mutter, für die zweijährige
Studienzeit in Frankreich ein billiges Quartier zu organisieren.

Mit zwölf Jahren ist er »fertig«, braucht von nun an keinen
regulären Unterricht mehr. Später wird der mit ihm be-
freundete Pianist und Komponist Sergej Rachmaninow auf
die Frage, wie der junge Kollege es denn mit dem Musik-
training halte, die lakonische Antwort geben: »Kreisler
gibt so viele Konzerte, daß er nicht zu üben braucht.«

Der süße Wiener Geigenton, den er wie kein zweiter beherrscht, wird zu seinem Markenzeichen: Meisterpianist
Moritz Rosenthal führt den Dreizehnjährigen, der noch
in kurzer Hose, hohen Schaftstiefeln und weißer Flatter-
krawatte aufs Podium tritt, in jenem Land ein, das ihm
Jahrzehnte später Wahlheimat werden wird: Amerika. 50
Konzerte absolvieren die beiden auf ihrer Tournee durch
die USA.

Aber wie lange kann man sich als Wunderkind produzie-
ren? Wieder in Wien, holt Kreisler zunächst einmal nach,

was er in den Konservatoriumsjahren an Allgemeinbildung versäumt hat: macht die Matura, studiert vier Semester Medizin, leistet seinen Militärdienst als Einjährig-Freiwilliger ab. Die Geige holt er nur hervor, um gelegentlich in einem Wiener Vorstadtgasthaus aufzuspielen. Dafür erwacht in dem erst Neunzehnjährigen ein anderes Talent: Er beginnt zu komponieren. Und beginnt gleich ganz groß: mit den zwei Kadenzen zu Beethovens Violinkonzert. Warum, so fragt er sich, gibt es so viel Klavier- und so wenig Violinliteratur? Kreisler macht sich ans Werk und schreibt ein Solo nach dem anderen, später vor allem gefolgt von Kompositionen im Stil der alten Meister Boccherini, Couperin, Dittersdorf, Stamitz und Vivaldi, die er zunächst als zufälligen Notenfund in einer französi-

Ohne auf seine US-Karriere Bedacht zu nehmen, stellt er sich loyal hinter den Kaiser: Patriot Fritz Kreisler

schen Klosterbibliothek ausgeben und erst als Mann von
sechzig, von Kritikern in die Enge getrieben, als hundert-
prozentigen Eigenbau »outen« wird …
Doch mit solchen genialischen Verrücktheiten ist es vor-
derhand noch nichts: Als sich der Zweiundzwanzigjährige
um eine Geigerstelle beim Orchester der Wiener Hofoper
bewirbt, scheitert er am Veto des Konzertmeisters. Ob dieser Arnold Rosé die Konkurrenz des kommenden Weltstars wittert? Erst seine Auftritte als Solist der Wiener
Philharmoniker im Jänner 1898 und der Berliner Philharmoniker im Jahr darauf bringen ihm den Durchbruch: Die
deutsche Konzertagentur Wolff & Sachs verschafft dem
jungen Violinvirtuosen Engagements in ganz Europa, bald
auch in Amerika, und auf einer seiner Übersee-Reisen – an
Bord der »Fürst Bismarck« im Mai 1901 – kommt es zu
einem Ereignis, das Kreislers Leben eine weitere entscheidende Wendung geben wird: Der Sechsundzwanzigjährige verliebt sich in die Brooklyner Tabakhändlerstoch-
ter Harriet Lies. Der zweimaligen Heirat – vor dem
Friedensrichter in New York City sowie in der Österreichischen Botschaft in London – wird 1947 auch noch
die kirchliche Trauung in der katholischen Pfarrei von
New Rochelle folgen.
Wie sehr der junge Ehemann an seiner Auserwählten
hängt, illustriert eine Episode, die sich während eines seiner London-Aufenthalte zuträgt: Königin Alexandra lädt
den berühmten Künstler zum Tee in den Buckingham-Palast ein, und obwohl eine solche Auszeichnung im England
jener Jahre beinahe einem Befehl gleichkommt, sagt
Kreisler ab – mit der tollkühnen Begründung, er habe zu
dem genannten Termin bereits eine gemeinsame Verabre-
dung mit seiner Frau … Überflüssig zu erwähnen, daß es
Kreislers einzige Ehe sein wird: Harriet bleibt ihr Leben

lang seine treue Gefährtin und unübertreffliche Managerin.

Tatsächlich hat Frau Kreisler alle Hände voll zu tun: In manchen Jahren bringt es ihr Mann auf 250 Konzerte und mehr; in Fernost, wo ihn erst 1923 eine Tournee hinführen wird, kennt man ihn schon lange zuvor aus dem Grammophon; und nach seinem Rundfunkdebüt im New Yorker NBC-Studio darf er sich gar über Post aus Äquatorialafrika freuen: Albert Schweitzer meldet aus dem fernen Lambarene, mit welchem Entzücken er ihm im Radio gelauscht habe.

Erfolg auf allen Linien: Die großen Geiger der Zeit spielen seine Werke nach: die Transkriptionen alter Volksweisen, die Beethoven- und Brahms-Kadenzen, das Caprice viennois; im Theater an der Wien erlebt – mit Paula Wessely und Hans Jaray in den Hauptrollen – seine Operette »Sissy« ihre Uraufführung; und in einer der vornehmsten Wohngegenden Berlins errichtet man sich ein prachtvolles eigenes Heim.

Unvergessen auch, wie Kreisler in den Notjahren nach dem Ersten Weltkrieg seiner Geburtsheimat zu Hilfe eilt: Seine Benefizkonzerte zu Gunsten der Milchversorgung der Wiener Kinder haben zur Folge, daß ihn eine Gruppe dankbarer Bewunderer für den Posten des österreichischen Botschafters in Washington vorschlägt. Das Goldene Ehrenzeichen für Verdienste um die Republik, das ihm verliehen wird, landet kurzerhand bei einer Tombola – aber nicht etwa aus Geringschätzung, sondern um auf diese Weise weitere Mittel für mildtätige Zwecke lockerzumachen.

Für eine Koryphäe wie ihn werden sogar amtliche Fahrpläne außer Kraft gesetzt: Als Kreisler auf einer seiner Rußlandtourneen zu einem Privatkonzert in den Palast

Aus einer Zigarrenkiste, die er mit Schnürriemen bespannt,
bastelt er sich seine erste Geige …

eines Großfürsten gebeten wird und sich der Beginn der
Veranstaltung so empfindlich verzögert, daß er befürchten
muß, den Schlafwagenzug nach Paris zu versäumen, der
ihn zu seinem nächsten Auftritt bringen soll, hält man ihm
zur Beruhigung ein Schriftstück der russischen Eisen-
bahnverwaltung unter die Nase, in dem mit Signatur und
Siegel verfügt ist, der betreffende Zug habe so lange zu
warten, bis Kreisler mit seinem Programm durch sei.
So jovial, ja übermütig er sich bei den unterschiedlichsten
Anlässen gibt, so prinzipientreu ist Kreisler, wo es um

seine (und nicht nur seine) Freiheitsrechte und um politischen Anstand geht: Als ihn Wilhelm Furtwängler, um der restriktiven Kulturpolitik der soeben an die Macht gekommenen Nationalsozialisten gegenzusteuern, einlädt, in der Saison 1933/34 bei den Konzerten der Berliner Philharmoniker als Solist mitzuwirken, faßt er seine (weniger an den Dirigenten als an die Adresse der neuen Herren gerichtete) Absage in die Worte:

»Ich bin fest entschlossen, mein Auftreten in Deutschland so lange aufzuschieben, bis das Recht aller Künstler, ihre Tätigkeit ungeachtet der Abstammung, der Religion und der Nationalität auszuüben, unumstößliche Tatsache geworden ist.«

Im Jahr darauf wird in Wien Bundeskanzler Dollfuß von den Nazis ermordet; Kreisler ist zu dieser Zeit in Paris. Eines steht für ihn fest: In einem braunen Österreich, das er heraufkommen sieht, hätte er keinen Platz. Doch für die Beantragung der französischen Staatsbürgerschaft fehlen ihm die erforderlichen fünf Jahre Aufenthalt im Lande. Da gräbt der mit seinem Fall befaßte Senator ein noch aus napoleonischer Zeit stammendes Gesetz aus, wonach jeder, der dem französischen Volk besondere Dienste erwiesen habe, auch ohne Wartezeit eingebürgert werden könne. Kreisler macht von der generösen Geste seines Gastlandes Gebrauch, wird über Nacht französischer Staatsbürger und läßt sich fürs erste in der Nähe von Monte Carlo nieder, ehe er 1939 seine Zelte endgültig in den USA aufschlägt (und seinen Fuß nie wieder auf europäischen Boden setzen wird).

Nach seinem 70. Geburtstag – der Berliner Besitz ist zur Gänze von Bomben zerstört, in wenigen Wochen geht der Krieg zu Ende – läßt Kreislers Schaffenskraft dramatisch nach. Schon 1941 hat ein Verkehrsunfall seinem Gedächtnis Schaden zugefügt, nun muß er sich einer Blinddarmoperation unterziehen, auch um Frau Harriets Gesundheit steht's nicht zum besten. Fürs Geigenspielen reicht sein Gehör nicht mehr aus: Er trennt sich von seiner geliebten Guarnerius und läßt sich statt dessen ein Spinett ins Arbeitszimmer stellen. Einem Gast, der ihm sein Bedauern darüber ausdrücken will, antwortet er mit einer Redewendung, die den Weltbürger Fritz Kreisler als nach wie vor echten Wiener ausweist: »Schaun S', da kann man halt nix machen …«

Und die Musik spielt dazu

Fred Raymond

M it seinem Kollegen Robert Stolz hat er eines gemeinsam: Wenn man Fred Raymonds Titelliste durchgeht, kommt man aus dem Staunen nicht heraus: Was, das hat er *auch* geschrieben? Alle Evergreens aus unseren Jugendtagen scheinen einen dieser beiden zum Urheber zu haben. Und Fred Raymond, dessen Name heute deutlich verblaßter ist als der des zwanzig Jahre älteren Robert Stolz, hat dabei – das ist die zweite Überraschung – eindeutig die Nase vorn. »Ich hab mein Herz in Heidelberg verloren«, »Schau einer schönen Frau nie zu tief in die Augen«, »In einer kleinen Konditorei«, »Ja, das Temp'rament« – alles Ohrwürmer aus der Schlagerwerkstatt jenes Friedrich Raimund Vesely, der mit 24 nicht nur Beruf und Wohnsitz, sondern auch den Namen wechselt: Aus dem kleinen Wiener Bankangestellten wird der Großmeister der Berliner Operette.

Auch der Gassenhauer, mit dem sich das Großdeutsche Reich gegen die Irritationen und Entbehrungen der Kriegsjahre zu wappnen versucht, ist sein Werk: »Es geht alles vorüber, es geht alles vorbei«. Erst als 1943 die antinazistischen Schwarzsender die stramme Durchhalte-Nummer zum Spottlied umfunktionieren, indem sie ihr den Zusatzrefrain »Sogar Adolf Hitler und seine Partei« verpassen, zieht Goebbels' Propagandaministerium den mit einmal wehrkraftzersetzenden Schmachtfetzen aus dem Verkehr.

Um das kriegsmüde werdende Staatsvolk bei der Stange zu halten, soll Fred Raymond zwar noch eine weitere, vom sich abzeichnenden Zusammenbruch des Regimes ablenkende Operette komponieren, aber da fällt sogar ihm, der doch die Noten normalerweise nur so aus dem Ärmel schüttelt, nichts mehr ein: Aus dem Dorf im Böhmischen, wohin er und seine Librettisten sich in schöpferische Klausur zurückgezogen haben, dringt in diesem Spätherbst 1943 kein einziger neuer Ton. Auch Fred Raymond, der vor zehn Jahren die Nr. 1 der Berliner Operette, den zur Emigration gezwungenen Juden Paul Abraham, »beerbt« und dessen Nachfolge angetreten hat, verstummt. Wendet sich sein Diktum »Es geht alles vorbei« nun auf einmal gegen ihn selbst?

Friedrich Raimund Vesely ist Wiener. Vater Vinzenz arbeitet als Revident bei den Österreichischen Staatsbahnen, beide Elternteile (Mädchenname der Mutter: Henriette Dluhoš) sind tschechischer Abkunft. Am 20. April 1900 kommt nach zwei Töchtern der Stammhalter zur Welt, man wohnt im Bezirk Landstraße dicht beim Donaukanal; nach dem Besuch des Realgymnasiums soll der Filius Bergbau studieren und eine Beamtenkarriere anstreben. Doch der frühe Tod der Eltern durchkreuzt all die ehrgeizigen Pläne: Friedrich geht auf die Handelsakademie, macht eine Banklehre.

Leidenschaftlicher Klavierspieler, der keinen Tag ohne ein paar Takte Bach beginnt, weiß er freilich nur zu gut: Der Dienst hinterm Bankschalter – das ist nichts für einen wie ihn. In Wien florieren um diese Zeit die Kleinkunstbühnen der Alleinunterhalter, Chansonniers und Kabarettisten, und Fritz Grünbaum, ihr ungekrönter König, ermuntert den zwanzig Jahre Jüngeren, dem beim Musizieren laufend neue Melodien einfallen, es doch mit eigenen Kreationen im Stil des gängigen Nonsens-Liedes zu versuchen. »Ich hab das Fräul'n Helen' baden sehn« ist eine der ersten Früchte dieser Zusammenarbeit mit Altmeister Grünbaum, sie schlägt auf Anhieb beim Publikum ein.

Wien geht jedoch von Talenten wie dem seinen über: Friedrich Raimund Vesely hängt mit 24 den Bankjob an den Nagel, tingelt unter dem kokett französelnden *nom de plume* Fred Raymond durch die deutsche Kleinkunstszene und schafft schließlich in Frankfurt den Durchbruch, als er sich, eine Studentenmütze auf dem Kopf, ans Piano setzt und »Ich hab mein Herz in Heidelberg verloren« trällert. Wie baut man einen solchen Sensationserfolg aus? Indem man sich mit tüchtigen Textdichtern zusammentut und rund um das über Nacht zum Schlager avancierte Liedchen ein Theaterstück schreibt. Allein an der Wiener

Aus einem kleinen Wiener Bankangestellten wird der Großmeister der Berliner Operette: Fred Raymond (hier mit Gattin Eva-Maria)

Volksoper erlebt das Singspiel gleichen Namens an die 700 Aufführungen en suite; andere Bühnen ziehen nach.

Was Fred Raymond vor den anderen seines Fachs auszeichnet, ist sein besonderes Gespür für das, was man heute »Zeitgeist« nennt: Auf die an seiner nunmehrigen Wirkungsstätte Berlin einsetzende Tango-Mode reagiert er mit dem Tanzlied »In einer kleinen Konditorei«, auf das Ende des Stummfilms mit der Persiflage »Mein Bruder macht im Tonfilm die Geräusche«, auf die bevorstehenden Olympischen Spiele mit dem Rennläufer-Sujet der Operette »Lauf ins Glück«.

Apropos Glück: Heinz Hentschke, der neue Chef des Berliner Metropol-Theaters, sucht einen Hauskomponisten. Als er 1933 in Leipzig Raymonds Singspiel »Der Königsleutnant« sieht, weiß er: Der ist es! Während in Wien Emmerich Kálmán, Franz Lehár, Leo Fall, Oscar Strauss, Ralph Benatzky, Robert Stolz und Nico Dostal die »Silberne Operettenära« von Höhepunkt zu Höhepunkt führen, hat in Berlin Paul Abraham das Genre in Richtung Revue weiterentwickelt, und hier stoßen Hentschke & Raymond mit einer ganzen Serie spektakulärer Publikumserfolge nach: »Ball der Nationen« (dessen Ohrwurm »Abends, wenn die Lichter glühn« auch die »Comedian Harmonists« in ihr Repertoire aufnehmen) und vor allem »Maske in Blau« (deren »Juliska aus Buda-Buda-Pest« schon bald aus allen Radioempfängern tönt).

In Kiel kommt »Saison in Salzburg« heraus (deren Paradenummern »Und die Musik spielt dazu« und »Wenn der Toni mit der Vroni« durch die »chilenische Nachtigall« Rosita Serrano zu ganz großen Hits werden), Dresden folgt mit der »Perle von Tokay« nach, dazu kommt eine Reihe von Filmen, für die Raymond die Musik liefert, und noch als Soldat der Deutschen Wehrmacht, der allerdings –

einer Herzschwäche wegen – nicht an die Front muß, sondern jener Propagandakompanie zugeteilt wird, die den Militärsender Belgrad betreibt, setzt sich der inzwischen Dreiundvierzigjährige, wo immer er eines auftreiben kann, ans Klavier und komponiert.

Als bei Kriegsschluß Berlin in Trümmern liegt, übersiedelt Raymond – nach einem kurzen Zwischenspiel beim Salzburger Rundfunk – nach Hamburg, um seine beiden letzten Operetten zu vollenden: »Geliebte Manuela« und – als Tribut an die alte Heimat – »Flieder aus Wien«. Dann aber sind die Kräfte des Workaholics aufgebraucht: Das 1951 bezogene neue Heim in dem Bodenseestädtchen Überlingen kann er keine drei Jahre genießen, desgleichen die Ehe mit Gattin Eva-Maria, und die Geburt seines Sohnes Thomas erlebt er überhaupt nicht mehr. Am 10. Jänner 1954, drei Monate vor seinem 54. Geburtstag, stirbt Fred Raymond alias Friedrich Raimund Vesely an Herzversagen.

Eine Lyra schmückt seinen Marmorgrabstein auf dem Überlinger Friedhof, die Geburtsstadt Wien ehrt den »Ausreißer« zum 80. Geburtstag mit einer nach ihm benannten Straße im Bezirk Donaustadt.

»Kinder, ihr müßt in die Welt hinaus!«

Maria Augusta Trapp

Als ich im Spätjahr 1961 zum ersten Mal die USA be-
reiste und Punkt für Punkt mein übervolles Sightsee-
ing-Programm abdiente, hatte ich das große Glück, auch
eine Karte fürs New Yorker Lunt-Fontanne-Theatre zu ergattern: »The Sound of Music« stand das dritte Jahr auf
dem Spielplan. Die Geschichte, die dieser immens erfolgreichen Broadway-Show zugrundelag, kannte ich in großen Zügen; was mich *jetzt* vor allem interessierte, war das
Publikum. Man hatte ja schon Sagenhaftes darüber gehört,
mit welchem Enthusiasmus die Amerikaner auf die Story
von den »Trapp Family Singers« reagierten – nun wollte
ich mir *selber* ein Bild davon machen.
Alle meine Erwartungen wurden noch übertroffen: Wie
die Manhattan-Besucher aus Texas und Wisconsin, aus
Virginia und Nevada bei der Bühnenhandlung mitgingen,
wie sie bei einzelnen Musiknummern in die Songs mitein-
stimmten, wie sie bei jedem Aktschluß in Beifall ausbra-
chen, das ging mir nahe, und in besonders emotionsgela-
denen Momenten ertappte ich mich gar bei Anflügen von
Stolz, Österreicher zu sein.
Dabei *war* ich zu dieser Zeit überhaupt noch kein Österreicher: Erst 16 Jahre später nahm ich die Staatsbürgerschaft meiner Wahlheimat an.
Zu erleben, wie Menschen aus einem Land, das in den
amerikanischen Medien so gut wie nicht vorkommt, von
einem prall gefüllten Theatersaal bejubelt werden (und

das über Jahre hinweg Abend für Abend), wird wohl keinen, der aus ebendiesem Land angereist ist, kaltlassen. Ich jedenfalls war »high« und mochte während dieser drei Stunden im Lunt-Fontanne-Theatre insgeheim gar das Verlangen verspürt haben, mich den um mich herum Sitzenden zu »erkennen« zu geben: Seht her, ich gehöre dazu, ich kann zwar nicht so gut singen wie die, aber auch ich komme aus Austria.

Wieder daheim, ließ mein Interesse an der Trapp-Familie sogleich wieder nach. Gut, ich sah im Kino die beiden Verfilmungen des Stoffes, die amerikanische (mit Julie Andrews) wie die deutsche (mit Ruth Leuwerik, Hans Holt und Josef Meinrad), später auch noch die Zeichentrickversion, und so oft ich nach Salzburg kam, konnte ich die Schlangen von US-Touristen beobachten, die die Busse der dortigen »Sound of Music«-Rundfahrt bestiegen. Aber

*Die Benediktiner-
novizin, die zur
zehnfachen Mutter
»mutiert« und schließ-
lich zum Weltstar:
Maria Augusta Trapp,
geb. Kutschera*

wirklich ins Thema vertieft habe ich mich erst jetzt, als ich daranging, Stoff zu sammeln für dieses Buch – Motto »Überall ist Österreich« …

Maria Augusta Kutschera, Tiroler Abkunft, doch in Wien geboren, ist Anfang 20, als sie, das Diplom der Lehrerinnenbildungsanstalt in der Tasche, den Entschluß faßt, in den Benediktinerinnenorden einzutreten. Im Kloster auf dem Salzburger Nonnberg bereitet sie sich gerade auf das Noviziat vor, als die Oberin sie eines Tages zu sich ruft und ihr eröffnet, sie sei dazu ausersehen, für die Dauer von acht Monaten eine weltliche Aufgabe zu übernehmen: Ein ebenso vornehmer wie vermögender Herr, der pensionierte Korvettenkapitän der k.u.k. Kriegsmarine, Baron Georg von Trapp, habe bei den frommen Schwestern vorgesprochen und um Vermittlung einer Hauslehrerin für eines seiner Kinder angesucht. Der jetzt Sechsundvierzigjährige habe vor vier Jahren auf seinem Besitz in der istrischen Hafenstadt Pula seine an Scharlach erkrankte Frau verloren, die sieben Kinder stünden ohne Mutter da. Es gebe zwar reichlich Personal in der herrschaftlichen Villa im Salzburger Stadtteil Aigen, in die der Witwer samt Anhang vor kurzem übersiedelt sei, doch fehle es an einer Fachkraft, die sich der schwächlichen kleinen Maria annehme – nicht weniger als 26 Kandidatinnen habe man im Lauf der Jahre ausprobiert, aber noch jede sei vor der enormen Belastung eines so personenreichen Haushalts zurückgeschreckt, die letzte habe es gar nur zwei Monate bei den Trapps ausgehalten.

Maria Augusta folgt der Weisung der Ehrwürdigen Mutter Oberin und besteigt den Bus nach Aigen; nach Ablauf der acht Monate werde sie auf den Nonnberg zurückkehren und die weiteren Schritte für ihre Eingliederung in die klösterliche Gemeinschaft setzen.

Doch es kommt anders. Die junge Hauslehrerin gewinnt nicht nur die Zuneigung des ihr anvertrauten Sorgenkindes: Auch die anderen sechs – Johanna, Hedwig, Agathe, Martina, Rupert und Werner – schließen sie in ihr Herz. Und vor allem: Der Hausherr verliebt sich in die 25 Jahre Jüngere. Einstimmiger »Beschluß« der sieben Halbwaisen: Papa und »das Fräulein« sollen heiraten. 1927 treten Baron Georg von Trapp und die Ex-Novizin Maria Augusta Kutschera vor den Traualtar, zwei Jahre darauf geht auch aus der neuen Verbindung ein Kind hervor, dem noch weitere zwei folgen werden: Die Trapps wachsen auf zwölf Köpfe an.

Bei dem ansehnlichen Vermögen, das der aus dem kroatischen Seebad Zadar stammende Baron von Trapp angehäuft hat, ist auch die Versorgung einer so großen Familie kein Problem. Erst 1935, als Hitlers Druck auf Österreich stärker und stärker wird, durch die drastische Einschränkung des Urlauberverkehrs die heimische Fremdenverkehrswirtschaft Schaden leidet, Baron Trapp seine in England liegenden Gelder in die Heimat transferiert und seine Hausbank in Konkurs geht, brechen auch in der Trapp-Villa harte Zeiten an: Man muß sich vom Großteil des Personals trennen, das eigene Auto aufgeben sowie das untere Stockwerk des Hauses für Mieter freimachen: für Professoren und Seminaristen der Theologischen Fakultät der Universität Salzburg. Rupert, der ältere der beiden Söhne, der vor kurzem sein Medizinstudium in Innsbruck aufgenommen hat, muß auf das gewohnte Taschengeld verzichten und sich fortan selber durchbringen – als Werkstudent.

Unter den Jungpriestern, die nunmehr bei den Trapps ein und aus gehen (und für die man zur Feier des Meßopfers eigens eine Hauskapelle installiert hat), befindet sich auch der dreißigjährige, aus dem oberösterreichischen Feldkirchen stammende Franz Wasner, und er ist es, der eines Tages die für das künftige Schicksal der Trapp-Familie entscheidende Initiative ergreift: Er wird Zeuge, wie die Hausfrau regelmäßig mit den Kindern singt. Und nicht etwa nur jene Volkslieder, die sie sich in jüngeren Jahren, auf den Wanderausflügen der Katholischen Jugendbewegung, angeeignet hat, sondern auch Geistliches, Anspruchsvolles: Motetten von Palestrina und Bach. Alles a capella und alles in höchster Qualität.

Monsignore Wasner, selber ein Musikkenner von Graden und ein begnadeter Pianist und Organist, ist Feuer und Flamme und übernimmt von Stund an die täglichen Gesangsproben im Hause, erweitert das Repertoire um Madrigale und komplette Messen und führt so den Trapp-Chor Schritt für Schritt zu solcher Perfektion, daß an einem August-Tag des Jahres 1936 die wegen eines Ferienquartiers in der Trapp-Villa vorsprechende Opernprimadonna Lotte Lehmann, als sie zufällig Ohrenzeugin einer im Park hinterm Haus abgehaltenen Chorprobe wird, vor Begeisterung ausruft: »Kinder, dieses wunderbare Talent dürft ihr nicht für euch behalten! Ihr müßt Konzerte geben! Ihr müßt in die Welt hinaus, nach Amerika!« Den also Angesprochenen verschlägt es die Sprache: Aus dem Munde einer weltberühmten Sängerin, die als bester Fidelio, als beste Marschallin der Zeit gilt, ein so überschwengliches Lob! Und nicht nur Lob: Lotte Lehmann schreitet auch gleich zur Tat, ruht nicht eher, als bis ihre »Schützlinge« sich für den wenige Tage später stattfindenden Chorwettbewerb der Salzburger Festspiele angemeldet haben, und siehe da, die »Familie Trapp«, wie man sich zu dieser Zeit noch schlicht nennt, gewinnt den ersten Preis! Es folgen ein Auftritt bei Radio Salzburg, eine Gesangseinlage bei einem Diplomatenempfang von Bundes-

Die »Trapp Family Singers« mit ihrem Lehrmeister, Monsignore Franz Wasner (am Klavier)

kanzler Schuschnigg im Wiener Musikverein, sodann das erste öffentliche Konzert bei den Salzburger Festspielen, wo sich Agenten aus allen wichtigen Ländern Europas auf die Neuentdeckung stürzen, und schließlich die erste Tournee: Paris und London, Brüssel und Den Haag, Mailand und Turin, Assisi und Rom. Sie singen vor Königen und Königinnen, Papst Pius XI. lauscht ihrem »Ave verum«, und bald hat auch Baron von Trapp, dem als k.u.k. Offizier die Vorstellung, seine Familie könnte ihre Sangeskunst zu Geld machen, einem Greuel gleichkommen muß, seinen Widerstand aufgegeben. Die hymnischen Kritiken, die die Seinen allenthalben in der Presse einheimsen, tun ein Übriges, den stolzen Familienvater umzustimmen, mag es auch noch so schmerzlich für ihn sein, mit anzusehen, daß nicht er es ist, der für den Unterhalt seiner Kinder sorgt, sondern diese selbst.

Es kommt der März 1938: die Auslöschung Österreichs durch die Nationalsozialisten. Wie das – es soll auf einmal

bei Strafe verboten sein, zur Haydn-Hymne den österreichischen Text zu singen? Auch von anderer Seite dro-
hen Sanktionen: Baron Trapp weigert sich, an seinem Haus
die Hakenkreuzfahne zu hissen, die Kinder pressen beim
Hitler-Gruß in der Schule die Lippen zusammen; sowohl
die Zumutung, bei Führers Geburtstag als Vertreter der
»Ostmark« zu figurieren, wie das Offert an Georg von
Trapp, als U-Boot-Kapitän in den Dienst der Deutschen
Wehrmacht zu treten, werden von diesem entrüstet
zurückgewiesen. Die Folge: Die Trapps müssen ihre Heimat verlassen.

Den Vorvertrag einer amerikanischen Konzertagentur in
der Tasche, besteigen sie im September 1938 mit 56 Stück
Gepäck – darunter die Musikinstrumente, die Konzertko-
stüme und die Babyausrüstung für das in Kürze zu erwar-
tende zehnte Kind – in London den Ozeandampfer »American Farmer«, um von New York aus in ein neues Leben
zu starten.

Auch Monsignore Wasner ist mit von der Partie: Jeden
Morgen liest er in der St.-Patrick-Kathedrale für die
Neuankömmlinge die Messe. Um sich in der Sprache des
Gastlandes zurechtzufinden, hat man sich schon auf der
Überfahrt das Nötigste an Vokabeln angeeignet. Doch
damit allein ist es nicht getan: Schon die ersten Konzerte
in der Neuen Welt klären die »Trapp Family Singers«,
wie sie sich nunmehr nennen, erbarmungslos darüber auf,
daß sie ihr Programmkonzept vollständig umkrempeln
müssen: weniger lang, weniger ernst, einfach »amerikanischer«, in schnittigeren Kostümen, außerdem angerei-
chert mit effektvoll eingestreuten Details aus ihrer eigenen Geschichte – und vor allem: mit viel, viel Publicity.
Im eigenen Omnibus reisen sie von Küste zu Küste, sie treten in Town-Halls und Konzertsälen, auf Plätzen und in

Kirchen auf, den Arme-Leute-Hotels der Anfangsjahre folgt der erste feste Wohnsitz am Stadtrand von Philadelphia, schließlich die mit komplettem Landwirtschaftsbetrieb ausgestattete Farm in Stowe im Bundesstaat Vermont. Als sie dort, in einem mit beträchtlichem Aufwand adaptierten ehemaligen Militärcamp, einen nächsten Schritt zum amerikaweiten Ruhm setzen und ihre Konzerttätigkeit auf Singwochen für Feriengäste ausweiten, sind sie längst amerikanische Staatsbürger, und die Söhne dienen bei der Army. Als der Krieg vorüber ist, organisieren die Trapps, von einem dramatischen Bittbrief des US-Hochkommissars in Österreich alarmiert, ein eigenes Hilfsprogramm für die notleidende alte Heimat und sammeln Lebensmittel, Kleidungsstücke und Geld, die über katholische Geistliche in Salzburg und Wien an die Ärmsten der Armen verteilt werden.

Als sie im Sommer 1950 – Baron Georg von Trapp ist inzwischen seit drei Jahren tot – für ein paar Wochen nach Salzburg zurückkehren, um im Mozarteum, in der Kollegienkirche und auf dem Domplatz zu konzertieren und nach zwölf Jahren Abwesenheit den alten (während der NS-Zeit zur Residenz des SS-Führers Heinrich Himmler herabgewürdigten) Besitz in Aigen in Augenschein zu nehmen, wird ihnen von den dankbaren Landsleuten ein Empfang bereitet, der sie zutiefst rührt. Das wagenradgroße Edelweißgesteck, das man ihnen beim Festakt des Erzbischofs in der Aula der Salzburger Universität überreicht, tritt, mit besonderer Sorgfalt verpackt, die Rückreise nach Amerika mit an.

1955 starten die Trapps zu ihrer letzten Tournee. Baronin Maria Augusta, noch immer die Seele des Unternehmens, schreibt ihre Memoiren (ehe sie 1987 zweiundachtzigjährig in der neuen Heimat Vermont stirbt), der Kinofilm

»The Sound of Music« bringt die bewegende Geschichte des österreichisch-amerikanischen Familienchors auch in die fernsten Erdteile, und wer sich von alledem persönlich an Ort und Stelle ein Bild machen will, braucht auf seinem USA-Trip nur einen Flug von Boston nach Montpelier zu buchen und mit dem Leihwagen ins 30 Kilometer entfernte Stowe zu fahren, wo noch immer am Eingang zur heute als Touristenhotel geführten »Trapp Family Lodge« neben der amerikanischen die österreichische Flagge weht.

»Ich kümmere mich um jeden Dreck!«

Helene Weigel

Sie ist von kleinem Wuchs, ebenmäßig und kräftig. Ihr Kopf ist groß und wohlgeformt. Ihr Gesicht schmal, mit hoher, etwas gehobener Stirn und kräftigen Lippen. Ihre Stimme ist voll und dunkel und auch in der Schärfe und im Schrei angenehm. Ihre Bewegungen sind bestimmt und weich.
Wie ist ihr Charakter?
Sie ist gutartig, schroff, mutig und zuverlässig. Sie ist unbeliebt.
Wie ist ihr Spiel?
Als sie in einem antiken Stück die Magd spielte, die den Tod ihrer Herrin zu berichten hatte, rief sie hinter der Bühne ihr »Tot, tot« mit ganz gefühlloser Stimme. Ihr »Jokaste ist gestorben«, ohne jede Klage, aber so bestimmt und unaufhaltsam, daß die nackte Tatsache ihres Todes gerade in diesem Augenblick mehr Wirkung ausübte, als jeder Schmerz zustande gebracht hätte.

Bertolt Brecht über Helene Weigel.
Bertolt Brecht über seine Frau.
Oder – wie er es selber im Titel seiner Porträtstudie formuliert: »Über eine große Schauspielerin unserer Nation«.
Wer Helene Weigel jemals im Theater erlebt hat – als »Mutter Courage«, als Frau Carrar oder in einer ihrer anderen Paraderollen –, wird Brechts Diktum zustimmen.

Über welch unerschöpfliche Reserven muß eine Schauspielerin verfügen, die eine Zwangspause von mehr als zehn Jahren unbeschadet übersteht? Kein einziges Mal steht sie zwischen 1938 und 1949 auf der Bühne: Weder im skandinavischen noch im amerikanischen Exil will es Brecht gelingen, ihr auch nur das kleinste Engagement zu verschaffen. Die Rolle der stummen Kattrin in »Mutter Courage und ihre Kinder« hat er extra für sie geschrieben, damit sie, wohin immer es sie verschlagen mag, ohne Sprachschwierigkeiten auftreten kann. Doch kein Theater bringt den Mut auf, das Stück des antifaschistischen Dramatikers aus Deutschland auf seinen Spielplan zu setzen. Auch beim Film blitzt Helene Weigel ab: Regisseur Fritz Lang, für dessen Widerstandsdrama »Auch Henker sterben« Bertolt Brecht das Drehbuch geschrieben hat, besetzt die der Weigel zugedachte Nebenrolle im letzten Augenblick um. Die Folge: Der Dichter kündigt nicht nur dem alten Weggefährten die Freundschaft auf, sondern wird auch nie wieder ein Hollywood-Studio betreten.

Helene Weigel kommt am 12. Mai 1900 im Wiener Bezirk Alsergrund zur Welt. Es ist das Viertel um den alten Tandelmarkt – nur ein paar Häuser weiter, in der Berggasse 19, ist der Dozent für Neuropathologie am Allgemeinen Krankenhaus, Dr. Sigmund Freud, dabei, seine ersten psychoanalytischen Sitzungen abzuhalten. Der Vater ist Prokurist einer Textilfirma, die Mutter Inhaberin eines Spielwarengeschäfts. Nach dem Besuch der Volksschule kommt »Helli« zunächst ins Lyzeum, dann ins Privatgymnasium der berühmten Mädchenpädagogin Eugenia Schwarzwald, die der Achtzehnjährigen, tiefbeeindruckt von den Bibelvorlesungen der Schauspielerin Lia Rosen, zu einem Vorsprechtermin beim Direktor der Wiener Volksbühne verhilft.

Die dänische Schriftstellerin Karin Michaelis, 28 Jahre älter als Helene und momentan zu Gast in Wien, wird Zeuge, wie die aufgeregte Aspirantin, schon Stunden vor dem vereinbarten Termin anrückend, total verkrampft am äußersten Rand des Vorsprechsessels sitzend und die Hände in ein zerschlissenes Taschentuch verkrallt, jenes Stück Text aufsagt, das über ihr künftiges Schicksal entscheiden soll. Einer Kindsmörderin gleich, die verzweifelt hofft, daß das über sie verhängte Todesurteil zu einer lebenslänglichen Kerkerstrafe abgemildert werde, spricht sie Strophe um Strophe der für diesen Anlaß ausgewählten Ballade: Karin Michaelis, der vor lauter Mitleid mit dem Häufchen Elend, das da in seinem schäbigen grünen Kleid, mit dem strähnigen Haar und den frostgeschwollenen Händen um Akzeptanz ringt, das Herz brechen möchte, atmet erlöst auf, als Direktor Rundt der Kandidatin ins Wort fällt: »Danke, das genügt. Der Weg zur Bühne ist ein dornenreicher Weg. Aber Ihnen kann ich nicht davon abraten, ihn zu wagen. Sie brauchen nicht einmal Unterricht zu nehmen.« Und zu Frau Michaelis gewandt, so daß es Helene Weigel nicht hören kann, fügt er hinzu: »Eines der größten Talente, die mir je untergekommen sind. Eine zweite Sarah Bernhardt!«

Helene Weigel meldet sich gegen den Willen der Eltern bei dem Schauspieler Arthur Holz zum Unterricht an; schon nach drei Monaten ist sie reif für ihr erstes Engagement: In der Saison 1919/20 steht die Neunzehnjährige als Marie in Büchners »Woyzeck« auf der Bühne des Neuen Theaters Frankfurt. Es folgen Rollen in Schönherrs »Weibsteufel«, Georg Kaisers »Gas II«, Shakespeares »Wintermärchen«, Kleists »Penthesilea« und Gerhart Hauptmanns »Ratten«.

Im August 1922 übersiedelt Helene Weigel nach Berlin:

Leopold Jessner holt die Zweiundzwanzigjährige an das von ihm geleitete Staatstheater. Und hier, in der Reichshauptstadt, kommt es noch im selben Jahr zur ersten Begegnung mit dem zwei Jahre älteren Bertolt Brecht: Bei der Premiere seines Stückes »Trommeln in der Nacht«, das Jürgen Fehling mit Heinrich George, Alexander Granach und Blandine Ebinger in den Hauptrollen an Max Reinhardts Deutschem Theater herausbringt, lernen der Dramatiker und die Schauspielerin einander flüchtig kennen.

Brecht, nach dem Erfolg von »Im Dickicht der Städte« und »Baal« bereits ein gefragter Autor, ist im Begriff, sich ebenfalls in Berlin niederzulassen. Verheiratet mit der Opernsängerin Marianne Zoff, wird er in Kürze Vater werden: Am 12. März 1923 kommt Tochter Hanne zur Welt. Kollege Arnolt Bronnen, in dessen Skandalstück »Vatermord« Helene eine kleine Rolle gespielt hat, macht Brecht im Herbst 1923 auf das überragende Talent seiner Landsmännin aufmerksam. Gebürtiger Wiener wie sie, weiß Bronnen auch von ihrer Gastfreundlichkeit und ihren sagenhaften Kochkünsten zu berichten, und als die beiden Männer eines Abends durch die Spichernstraße im Bezirk Tiergarten spazieren und Helene Weigels Atelierwohnung hell erleuchtet sehen, machen sie der Dreiundzwanzigjährigen kurzerhand ihre Aufwartung.

Es ist eine Begegnung mit unabsehbaren Folgen: Von ihren schauspielerischen Qualitäten zunächst nur wenig überzeugt, verliebt sich Brecht in die zwei Jahre Jüngere, nimmt sogar bei ihr Quartier, hält fortan eifersüchtig alle anderen Bewerber von seinem »Helletier« fern, und im Jahr darauf haben die beiden mit Sohn Stefan ihr erstes gemeinsames Kind. Helene Weigel spielt inzwischen am Deutschen Theater, bald auch an anderen Bühnen, und

Seit 1954 im »eigenen« Haus: Brecht ist im Theater am Schiffbauer-
damm fürs Künstlerische, Gattin Helene Weigel fürs Organisatorische
zuständig (hier die beiden bei einer Ost-Berliner Mai-Kundgebung)

zwei Jahre nach der Scheidung von Marianne Zoff heiratet Brecht seine Geliebte, die ein Jahr später ein weiteres Kind zur Welt bringen wird: Barbara.

Die junge Frau Brecht wird sich freilich daran zu gewöhnen haben, daß sie nicht die einzige an seiner Seite bleiben wird: Die Schriftstellerin Sabine Kebir hat es in ihrem Essay über Brecht und die Frauen »Polygamie aus Treue« genannt und rekapituliert bei dieser Gelegenheit die Anekdote von der dem Dichter gleichfalls nahestehenden Schauspielerin Carola Neher, die von Brecht am Tag seiner Trauung mit einem Blumenstrauß vom Bahnhof abgeholt wird. Brecht will wissen, wieso sie das Bukett wutentbrannt wegwirft. »Immerhin hast du heute geheiratet!« entrüstet sich Carola Neher. »Na und?« erwidert Brecht.

Nach Brechts Tod wird Helene Weigel ihrer Tochter Barbara die unorthodoxen Verhältnisse im Elternhaus wie folgt zu erklären versuchen: »Dein Vater war ein sehr treuer Mensch. Leider zu zu vielen.«

Vor allem während der Jahre im Exil ist man ständig zu viert: Auch die Theaterphotographin Ruth Berlau und die Dramaturgin Margarete Steffin gehören mit zum Haushalt. Und als Brecht viele Jahre später, schon gegen Ende seines Lebens, dem Philosophen Wolfgang Harich die Frau ausspannt und diese Isot Kilian eines Tages Arm in Arm mit dem beim »Berliner Ensemble« hospitierenden Regisseur Konrad Swinarski gesichtet wird, knöpft sich Helene Weigel den Nebenbuhler vor und klärt ihn über die wahren »Besitzverhältnisse« auf …

Doch zurück zu den Anfängen der Beziehung Brecht-Weigel. Fast fünf Jahre verstreichen, bis Helene Weigel zum erstenmal in einem Brecht-Stück auf der Bühne steht; es ist die Rolle der Leokadja Begbick in »Mann ist Mann«. 1932 folgen die Titelpartie in Brechts Dramatisierung des

Gorki-Romans »Die Mutter« sowie die Frau Luckerniddle in einer Hörspielaufführung der »Heiligen Johanna der Schlachthöfe«.

Im Februar 1933 verlassen der Kommunist Bertolt Brecht und die Jüdin Helene Weigel Deutschland. Ihre Odyssee via Prag, Paris und die Schweiz nach Dänemark, Schweden, Finnland und schließlich Amerika wird für Helene Weigel zur doppelten Tortur: Während Brecht an jeder der Exilstationen am Schreibtisch sitzt, um an seinen Werken zu arbeiten, ist *sie* – mit Ausnahme eines Auftritts auf einer Pariser Emigrantenbühne, einer winzigen Rolle in Fred Zinnemanns Verfilmung von Anna Seghers' Roman »Das siebte Kreuz« und gelegentlichen Schauspielunterrichts – zu künstlerischer Tatenlosigkeit verurteilt. Ihr bleibt nur die Führung des Haushalts. Helene Weigels Englisch ist miserabel, auch kann sie nicht einmal Schreibmaschine schreiben.

Um so heroischer bewältigt sie mit dem ihr angeborenen Organisationstalent alle Probleme des Alltags: Das Haus in Santa Monica (Kalifornien) ist ganz und gar ihr Werk. Sie tüncht die Wände und tapeziert die Möbel, sie scheuert den Fußboden, besorgt die Wäsche, näht für alle das Gewand, und natürlich steht sie, berühmt vor allem für ihre gedünsteten Safthühner und raffinierten Mehlspeisen, in der Küche. Was sie an Gemüse und Obst braucht, zieht sie im eigenen Garten – das Kopftuch über dem kurzgeschnittenen Haar ist längst zu ihrem »Markenzeichen« geworden.

Auch als man nach dem Krieg die Rückkehr aus dem Exil vorbereitet, ist Helene Weigel diejenige, die ihrem von seiner schriftstellerischen Arbeit voll in Anspruch genommenen Mann alle praktischen Schwierigkeiten aus dem Weg räumt. In der Schweiz, wo man Ende 1947 Fuß zu fassen

versucht, besteht für Staatenlose wie sie wenig Aussicht,
naturalisiert zu werden. Da erinnert sich Helene Weigel
ihrer Herkunft: Könnte sie als gebürtige Wienerin nicht
die österreichische Staatsbürgerschaft wiedererlangen –
und mit ihr ihr Mann? Der Komponist Gottfried von
Einem, der mit Brecht Pläne schmiedet für dessen Ein-
bindung in die künftigen Salzburger Festspiele und ihn
dazu bewegen kann, ein neues Stück zu schreiben, das den
alten »Jedermann« ablösen soll, verspricht Hilfe, und ein
Jahr darauf halten Bertolt Brecht und Helene Weigel
tatsächlich ihre frischen österreichischen Pässe in Händen.

Aus dem Salzburger Projekt wird zwar nichts, doch dafür
haben in der Zwischenzeit die Berliner Behörden die Lizenz für die Gründung einer eigenen Schauspieltruppe er-
teilt, die – unter dem Namen »Berliner Ensemble« – unter
ihrer beider Führung stehen soll: mit Brecht als künstleri-
schem und seiner Frau als organisatorischem Leiter. Was
nun folgt, ist inzwischen auch schon wieder Theatergeschichte: Das im September 1949 ins Leben gerufene und
fünf Jahre darauf auch mit einem eigenen Haus, dem
Theater am Schiffbauerdamm, versorgte »Berliner Ensemble« wird zu einem der Zentren des deutschen Nach-
kriegstheaters, das nun auch Helene Weigel die ideale
Wirkungsstätte bietet: Ihre »Mutter Courage«, ihre Frau
Carrar, ihre Frau Flinz machen Furore. Daß bei der inzwischen über Fünfzigjährigen nach wie vor ein leicht wie-
nerischer Tonfall durchklingt, bewertet Brecht positiv:
»Wie sollen unsere Schauspieler das Volk abbilden und
zum Volk sprechen, wenn sie nicht auf ihren eigenen Dialekt zurückgreifen?«

Auch in ihrer Bühnenerscheinung geht Helene Weigel eigene Wege: Sie verzichtet auf die Dienste der Kostüm-

bildnerin, kleidet sich stets selbst ein. Es ist ihrem Mann – unter dem Titel »Die Requisiten der Weigel« – ein eigenes Gedicht wert:

Wie der Hirsepflanzer für sein Versuchsfeld
die schwersten Körner auswählt und fürs Gedicht
der Dichter die treffenden Wörter, so
sucht sie die Dinge aus, die ihre Gestalten
über die Bühne begleiten. Den Zinnlöffel,
den die Courage ins Knopfloch
der mongolischen Jacke steckt, das Parteibuch
der freundlichen Wlassowa und das Fischnetz
der anderen, der spanischen Mutter oder das Erzbecken
der staubsammelnden Antigone. Unverwechselbar
die schon riesige Handtasche der Arbeiterin
für die Flugblätter des Sohns und die Geldtasche
der hitzigen Marketenderin! Jedwedes Stück
ihrer Waren ist ausgesucht.

Aber noch mehr als die bis ins kleinste ausgetüftelte Gestaltung der eigenen Rollen liegt Helene Weigel die perfekte Leitung des ihr anvertrauten Theaters am Herzen: »Ich kümmere mich im ›Berliner Ensemble‹ um jeden Dreck.« Wenn einer der Schauspieler erkrankt, ist sie es, die ihn zum Arzt schleppt; sie beschafft die Möbel fürs Foyer, sie richtet die Kantine ein, und vor allem: Sie merzt jegliche Theaterbürokratie aus, richtet für sich selber ein offenes Büro ein, in dem jeder zu jeder Zeit Zutritt hat.

Woher nimmt sie nur all die Energie? »Ich lege Pausen ein«, sagt sie. »Ich suche Erholung beim Schwimmen, beim Pilzesammeln, beim Patiencelegen, beim Kreuzworträtsellösen, beim Lesen von Kriminalromanen.«

Die Theaterfreunde ihrer Vaterstadt Wien lernen Helene
Weigel erst im Herbst 1953 kennen: Dreiundfünfzig ist sie,
als sie mit Brecht-Gorkis »Mutter« in der »Scala« gastiert.
Ihren Abschied von der Bühne feiert die inzwischen Siebzigjährige und schon von schwerer Krankheit Gezeichnete
Anfang 1971 – da ist Brecht bereits über 14 Jahre tot. Es
ist das umjubelte Gastspiel des »Berliner Ensembles« in
den Arbeitervorstädten von Paris und Nanterre. Kurz darauf, am 6. Mai 1971, stirbt Helene Weigel und wird an der
Seite ihres Mannes auf dem Dorotheenstädtischen Friedhof in Ost-Berlin beigesetzt. Daß sich in die hymnischen
Nachrufe auf sie auch kritische Töne mengen, betrifft
nicht ihren hohen Rang als Schauspielerin, sondern lediglich ihre starre Haltung als Hüterin der Brecht-Doktrin:
Wenn es darum geht, Inszenierungen zu unterbinden, die
vom »Modell« abweichen, oder Publikationen (etwa von
Brecht-Briefen) zu verhindern, die ihr gegen den Strich
gehen, kennt sie kein Pardon: »Ich bin nun einmal ein alter
Dickschädel.«

Nichts als die Wahrheit

Walter Felsenstein

Rügen ist der Dampfer, Hiddensee das Beiboot. Oder: das der Insel vorgelagerte Inselchen. Nicht wenige Touristen buchen die einstündige Überfahrt Gerhart Hauptmanns wegen: »Haus Seedorn« im Ortsteil Kloster ist zur allgemeinen Besichtigung freigegeben. Und auf dem Friedhof hinter der Dorfkirche findet man nicht nur sein eigenes, sondern auch das Grab seiner dramatis personae: Die Saufkumpane »Schluck und Jau« sind der Chronik der Ostseeinsel entstiegen, jedes zehnte Kreuz trägt einen der beiden Namen.

Klettert er ein paar Schritte weiter hangaufwärts, stößt der Besucher auf einen zweiten berühmten Namen aus der Theaterwelt: Walter Felsenstein. Gigantomanie auch da, einen Steinwurf vom Hauptmann-Monument entfernt: fast so etwas wie ein Hain, viel dunkles Gehölz, viel Schmiedeeisen. Hier hat man 1975 ihn selbst, zwölf Jahre darauf seine Frau ins Erdreich versenkt. Schwer vorstellbar, daß der Dichter des zunächst naturalistischen, später mystischen und der Regisseur des realistischen Theaters einander in mehr als gegenseitigem Respekt verbunden waren. In Felsensteins Werkliste finden sich nur zwei Hauptmann-Inszenierungen: »Florian Geyer« und »Die Ratten« – damals in den Anfängerjahren, Freiburg 1929. Distanziert ist auch sein Verhältnis zum Herkunftsland. 1923 hat er Österreich verlassen, den Nachkriegs-Gastregien am Burgtheater (1947 »Die Räuber«, 1948 »Die Irre von Chaillot«, 1950 »John Gabriel Borkman« und »Der Widerspenstigen Zähmung«) folgen in späteren Jahren lediglich ein Regieseminar an der Wiener Musikakademie und eine Vorführung seiner Opernfilme; der nach 1974 abgeschlossene Dreijahresvertrag mit der »Burg« scheitert, bevor er noch in Kraft treten kann, an der Weigerung der österreichischen Theaterbürokratie, auf Felsensteins anspruchsvolle Arbeitsbedingungen einzugehen. Nur den österreichischen Paß – den behält er, und er tut gut daran: Er sichert dem DDR-Bürger die uneingeschränkte Bewegungsfreiheit.

Am 30. Mai 1901 kommt Walter Felsenstein in Wien zur Welt, der Vater ist leitender Beamter bei der k.k. Nordwestbahn. Die erste Berührung mit dem Theater verläuft nach dem klassischen Muster: Stehplatz in Oper und

Das Votum des Dienstmädchens gibt den Ausschlag für Walter Felsensteins Entschluß, Opernregisseur zu werden ...

»Burg«. Weil ihm die Eltern kein »richtiges« Instrument zugestehen, zertrümmert er in einem Wutanfall seine »Kindergeige« – sein Leben lang wird er sich als »musikalischen Autodidakten« bezeichnen. Und das Votum des Dienstmädchens, das nach einer »Lohengrin«-Aufführung heftige Klage führt, der Hauptdarsteller habe »so hoch gesungen« und sich »so furchtbar geplagt«, daß sie kein einziges Wort verstanden habe, wird in ihm den Keim legen für den späteren Entschluß, mit der Starre des traditionellen Operntheaters Schluß zu machen.

1918 zieht die Familie nach Villach: Vater Felsenstein steigt zum Vizechef der Österreichischen Bundesbahnen auf, der Filius soll an der Grazer TH Maschinenbau studieren. Doch den zieht's zum Theater: Burgschauspieler Ernst Arndt nimmt ihn für zwei Jahre als Privatschüler auf – für eine Provinzbühne wie das Lübecker Stadttheater Rekommandation genug, den Zweiundzwanzigjährigen ohne Vorsprechen als jugendlichen Liebhaber zu engagieren. Es folgen das Nationaltheater Mannheim und die Vereinigten Bühnen Beuthen-Gleiwitz-Hindenburg, und hier, kurz vor Probenbeginn für Schnitzlers »Liebelei«, tritt wegen plötzlicher Erkrankung des Regisseurs ein Engpaß ein. Was tun? Der Darsteller des Fritz springt ein. Und da der Regieneuling seine Sache erstaunlich gut macht, läßt man ihn kurz darauf auch an Puccinis »Bohème« heran: Der Opernregisseur Walter Felsenstein ist geboren!

Aus der oberschlesischen Provinz wechselt er als Oberspielleiter nach Basel und Freiburg, es folgen Köln und Frankfurt, und als ihm 1936, seiner nichtarischen ersten Frau wegen, der Ausschluß aus der Reichstheaterkammer droht, weicht Felsenstein nach Zürich aus. Wie er es dennoch schafft, mitten im Krieg nach Berlin gerufen zu werden? Das Wunder hat einen Namen, und dieser Name lautet: Heinrich George. Der allmächtige Intendant des Schillertheaters, bei den neuen Machthabern bestens angeschrieben, kann den Gefährdeten vor Verfolgung schützen: Bis zur Schließung des Hauses im Herbst 1944 liefert Felsenstein an der Renommierbühne der Reichshauptstadt, die Stars wie Paul Wegener, Horst Caspar, Will Quadflieg, Lucie Höflich und Jürgen Fehling unter Vertrag hat, nicht weniger als zwölf Schauspielinszenierungen ab, und mit einem Gastspiel in Aachen, wo er 1941 zusammen mit Karajan einen fulminanten »Falstaff« herausbringt, sind auch bereits die Weichen für die Zeit nach dem Krieg gestellt: Realistisches Musiktheater – das ist es, was ihn nunmehr brennend interessiert. Die Sänger, die nicht mehr bloß »Noten aufsagen«, sondern ihre Rollen mit Leben erfüllen.

1947 ist es soweit: Das in Trümmern liegende (und noch ungeteilte) Berlin leistet sich eine dritte Opernbühne, Walter Felsenstein erhält die Lizenz für die neu zu gründende Komische Oper in der Behrenstraße, am 23. Dezember wird das wiederaufgebaute Metropoltheater mit der »Fledermaus« eröffnet – Beginn einer ruhmreichen Ära, die 28 Jahre lang mit dem Namen Felsenstein verbunden sein, den Intendanten und Chefregisseur des Hauses zu einem Aushängeschild der DDR machen und schließlich zu einem bedeutsamen Kapitel Theatergeschichte werden wird. Bertolt Brecht bringt es auf den Punkt: »Felsenstein nimmt nicht, wie das üblich und übel ist, Unnatur in Kauf – der Musik wegen. Er weiß, daß die Musik auf der Bühne nicht ohne Wahrheit leben kann.« Der Wahlberliner aus Wien, nicht nur in seinem Stammhaus, sondern ebenso auf Gastspielreisen im Ausland umjubelt, in Moskau (wo an die vierzig Regisseure aus den verschiedenen Landesteilen anreisen, um seinen »Car-

men«-Proben beizuwohnen) auch von der Kollegenschaft
bewundert und – ob unvermeidlich oder mitgetragen von
der eigenen Überzeugung – von den DDR-Machthabern
hochdekoriert, kann seinen Sonderstatus nicht nur zum
persönlichen, sondern auch zum Vorteil seiner Mitarbeiter
nutzen: Den Plan der Kulturbehörde, die Künstlergagen
nicht mehr in West-Devisen, sondern nur noch in Ost-
Mark auszuzahlen, bringt er ebenso zu Fall, wie er die Zumutung zurückweist, seine Villa im Westberliner Nobel-
bezirk Dahlem aufzugeben, die ihm nicht minder ans Herz
gewachsen ist als der Sommersitz auf Hiddensee.

Wenige Schritte von Gerhart Hauptmanns letzter Ruhestätte entfernt:
das Felsenstein-Grab auf der Ostseeinsel Hiddensee

Der Mann, der die Callas feuerte

Sir Rudolf Bing

Als am 2. Juni 1949 die Meldung von Rudolf Bings Ernennung zum Chef der Metropolitan Opera um die Welt geht, befindet sich eine der schärfsten Beobachterinnen der amerikanischen Musikszene, die »Newsweek«-Kommentatorin Emily Coleman, außer Landes. Margaret Carson, die Pressesprecherin der »Met«, schickt ihr an ihren momentanen Aufenthaltsort Wien ein Telegramm folgenden Wortlauts:

»Neuer Generaldirektor Rudolf Bing.«

Die wohl doch nicht so sattelfeste Dame deutet den Inhalt der Depesche auf ihre Weise: Sie zeigt sich erstaunt, daß die Wahl des Verwaltungsrates auf einen Außenseiter wie den Dirigenten Max *Rudolf* gefallen sei. Der in Glyndebourne und Edinburgh zu Ruhm gelangte Wiener Rudolf *Bing* scheint ihr unbekannt zu sein – den Namen *Bing* hält sie für die im Telegrammverkehr übliche Chiffre des *Ausrufungszeichens.*

Als Sir Rudolf Bing, 1971 von der englischen Königin in den Adelsstand erhoben, einen Sommer später, also 23 Jahre nach seiner Inthronisierung, sich aus Altersgründen ins Privatleben zurückzieht, liest sich, was darüber in den Zeitungen steht, wie der schmerzvolle Abgesang auf die ruhmreiche Ära eines abtretenden Monarchen. Unter allen Theaterdirektoren der Welt gilt der plötzlich amtsmüde gewordene Chef der Metropolitan Opera als die unbestrittene Nr. 1.

Wie stellt man es an, zu einem solchen Renommee zu gelangen?

Man spielt zunächst einmal Laufbursche in einer Buchhandlung. Es ist das Antiquariat Gilhofer & Ranschburg in Wien, das den Siebzehnjährigen als Lehrling einstellt. In einem Laden, der mit alten Büchern handelt, fällt eine Menge Staub an: Rudolf darf mit einer eigens dafür konstruierten Wasserkanne den Fußboden spritzen. Nächste Stufe auf der »Karriereleiter«: Schaufensterdekoration. Schließlich aber die Erfüllung: klugen Leuten kluge Bücher verkaufen.

Es ist ein ungewöhnlicher Weg, den der Wiener Großbürgerssohn Rudolf Bing da einschlägt: Vater Ernst ist Direktor des österreichisch-ungarischen Eisenkartells, man führt ein großes Haus mit eigenen Kammermusikabenden, für die Erziehung der vier Kinder stehen englische Gouvernanten zur Verfügung. Die Berufswünsche des Jüngsten sind unklar: Obgleich Privatschüler der legendären Genia Schwarzwald, die mit so attraktiven »Gastprofessoren« wie Adolf Loos, Oskar Kokoschka, Arthur Schnitzler und Fridtjof Nansen prunken kann, interessiert sich Jung-Rudolf mehr fürs Tennisspielen als für den Schulunterricht. Ob vielleicht mit seinem Maltalent etwas anzufangen ist oder mit seinem zwar kleinen, aber wohlklingenden lyrischen Bariton? Die erste Begegnung mit einem der ganz Großen der Musik flößt ihm jedenfalls weniger Bewunderung als Schrecken ein: Es ist während eines Familienurlaubs in Südtirol, wo dem Halbwüchsigen auf einer Waldwanderung Gustav Mahler laut singend und mit halbirrem Gesichtsausdruck über den Weg läuft …

Es ist also zunächst nicht die Musik, sondern die Literatur, die Rudolf Bing in ihren Bann zieht: Hugo von Hofmannsthals Versdrama »Der Tor und der Tod« rührt ihn zu

Tränen. Und es ist nicht nur die klassisch vollendete Sprache des kleinen Werkes, sondern ebenso die noble Ausstattung des Insel-Bändchens, die es dem jungen Schöngeist angetan hat: Rudolf Bing entschließt sich, Buchhändler zu werden.

Noch kann er nicht ahnen, daß an seiner zweiten Stelle – nach dem einen Jahr bei Gilhofer & Ranschburg ist er zu der nicht minder renommierten Firma Heller am Bauernmarkt übergewechselt – die Weichen für seinen weiteren Lebensweg gestellt werden. Prinzipal Hugo Heller hat im Hintertrakt seines Buchladens eine Konzertagentur eröffnet, die binnen kurzem – mit so berühmten Schützlingen wie Bruno Walter, Lotte Lehmann, Elisabeth Schumann, Richard Mayr und dem Rosé-Quartett – den meisten der Wiener Impresarios den Rang abläuft. Und auch wenn es zu den Aufgaben des Heller-Assistenten Rudolf Bing zunächst nur zählen wird, nach den Aufführungen hinter die Bühne zu gehen und Künstlern wie Leo Slezak zu versichern, wie großartig sie wieder einmal gewesen seien, oder dafür Sorge zu tragen, daß die Saalbeleuchtung auf das Kostüm der Primadonna Maria Jeritza abgestimmt wird: Hier hat der inzwischen Zwanzigjährige den ihm gemäßen Wirkungsbereich gefunden.

Daß er ihn dennoch nach fünf Jahren verläßt und – innerhalb der gleichen Branche – nach Berlin überwechselt, hat mit größerer Selbständigkeit zu tun, die man ihm auf seinem neuen Posten einräumt: In der Agentur des Berliner Bühnenvereins ist die Stelle eines Leiters der Abteilung Oper freigeworden. Da er es hier aber – im Gegensatz zu Wien – mit lauter mittelmäßigen Sängern für lauter mittelmäßige Bühnen zu tun hat, folgt er schon ein Jahr später dem Ruf des ehemaligen Berliner Heldendarstellers Carl Ebert, der soeben in Darmstadt (wo Karl Böhm Generalmusikdirektor ist) die Intendanz des Hessischen Landestheaters übernommen hat und nach einem geschickten künstlerischen Betriebsleiter Ausschau hält.

Es sind glückliche Jahre, die Rudolf Bing in Darmstadt verbringt – und doch, auf die Dauer wird's ihm in der deutschen Provinz zu eng: »Wenn man im abgedunkelten Zuschauerraum sitzt und genau weiß, wer lacht, ist es Zeit zu gehen.« Da erreicht ihn ein verlockend klingendes Filmangebot: Über Vermittlung von Hugo von Hofmannsthals Sohn Raimund soll Bing in Berlin Meisterregisseur Max Reinhardt bei einem von Hollywood finanzierten Streifen assistieren. Doch das Projekt zerschlägt sich, und so greift der inzwischen Verehelichte – noch in Wien hat Bing die russische Tänzerin Nina Schelemskaja-Schelesnaja kennengelernt – notgedrungen zu, als ihm der Posten des künstlerischen Betriebsleiters an der Charlottenburger Oper offeriert wird.

Sohn aus gutem Hause: Rudolf Bing (links, stehend) auf einer Landpartie mit seinem Vater (ganz links) und Freunden der Familie

Daß auch dies eine Episode bleibt, liegt nicht nur am chronischen Geldmangel des von der Stadt Berlin unterhaltenen Hauses: Die Machtübernahme durch die Nationalsozialisten steht vor der Tür, ein SA-Trupp wirft das Führungsteam hinaus – darunter den Juden Rudolf Bing. Pläne, in Wien eine Konzertagentur zu gründen oder ein Theater zu übernehmen, scheitern. Was bleibt, ist ein Zwischenspiel in dem böhmischen, mehrheitlich von Deutschen bewohnten Kurbad Teplitz-Schönau. Aber auch der dortigen Bühne geht die Luft aus. Und diesmal kommt die Rettung für den über Nacht Arbeitslosen aus England: Der musikbegeisterte Millionär John Christie ist im Begriff, in dem 80 Kilometer von London entfernten Glyndebourne ein Mozart-Festival ins Leben zu rufen. Rudolf Bing wird für 15 Jahre dessen Generalmanager.

Seit 1946 britischer Staatsbürger, gründet er außerdem die Edinburgher Festspiele, und gleich einer der Höhepunkte der ersten Saison ist ein Gastkonzert der Wiener Philharmoniker mit Bruno Walter am Dirigentenpult. Die Absprungbasis für noch höhere Aufgaben, ja für die Krönung seiner Karriere ist damit gegeben: Als die Metropolitan Opera in New York im Sommer 1949 einen neuen Leiter sucht, fällt die Wahl auf Rudolf Bing, und in den nun folgenden 22 Jahren macht der gebürtige Wiener aus dem heruntergewirtschafteten Musentempel mit der schäbigen Bühne, den abgespielten, zum Teil 30 Jahre alten Inszenierungen und dem primitiven, nur auf Ohrwürmer erpichten Publikum ein Theater von Weltrang, das sich die besten Sänger, Kapellmeister, Regisseure und Bühnenbildner leisten kann, das nicht nur »Carmen« und »La Traviata«, sondern auch »Wozzeck«, »The Rake's Progress« und »Pelleas und Melisande« auf den Spielplan setzt und das es auch sonst in jeder Hinsicht mit der Konkurrenz von Mailand und Wien aufnehmen kann.

Bing verlängert die Probenzeiten, bringt erstmals auch farbige Sänger auf die Bühne, führt im Zuschauerraum Stehplätze ein, setzt sich gegen die übermächtigen Bühnengewerkschaften durch, zieht Sponsoren an Land, läßt das Fernsehen zu Übertragungen ins Haus und steigt so zur absoluten Nr.1 des amerikanischen Musikmanagements auf, der es sich sogar leisten kann, den notorisch mieselsüchtigen New Yorker Kritikern die Stirn zu bieten.

Derselbe Rudolf Bing, der vor Theatergöttern wie Birgit Nilsson und Franco Corelli niederkniet, feuert Exzentriker wie Giuseppe di Stefano und Maria Callas – um dem auf Barzahlung bestehenden Callas-Gatten Meneghini eins auszuwischen, händigt er diesem die Gage in 5-Dollar-Bündeln aus. Auch die Übersiedlung der »Met« aus dem alten Haus ins neuerrichtete Lincoln Center geht unter Bings Ägide vonstatten, und als er 1972, in seinem letzten Dienstjahr, mit seinen Memoiren an die Öffentlichkeit tritt, kann er dem 350-Seiten-Band guten Gewissens den Titel »5000 Abende in der Oper« geben: Rudolf Bing hat tatsächlich fast jeder Vorstellung in »seinem« Haus beigewohnt.

Um so tragischer der Lebensabend dieses großen Mannes: In den ersten Jahren seiner Pensionierung noch ein begehrter Gastprofessor am Brooklyn College und an der Universität von New York, macht ihn nach dem Tod seiner Frau Nina ein schweres Alzheimer-Leiden zum Wrack; die an seinem 85. Geburtstag eingegangene Ehe mit der 38 Jahre jüngeren Carroll Douglas wird über Betreiben des mit ihm befreundeten Vermögensverwalters annulliert. Doch alle Hilfe kommt zu spät: Der vielfache Millionär Sir Rudolf Bing ist durch die Mißwirtschaft seiner neuen Lebensgefährtin, die sich der gerichtlich eingesetzten Pflegerin ihres Mannes widersetzt und ihrer wüsten Attacken wegen in Haft genommen wird, bereits so ruiniert, daß nicht einmal mehr das Geld für die Begleichung der Spitalsrechnungen da ist. In einem hebräischen Altersheim im New Yorker Stadtteil Bronx stirbt Bing acht Monate nach seinem 95. Geburtstag. Die Bilder, die seinen Nachruf in den amerikanischen, aber auch in den Zeitungen seiner Geburtsheimat Österreich illustrieren, zeigen einen ausgemergelten Greis, aus dessen Blick auch das letzte Quentchen der einstigen Noblesse, der einstigen Souveränität, des einstigen Stolzes gewichen ist.

Tattoo Lady
Gusti Huber

Am Ende sind es 180 Rollen, die sie gespielt hat, und beim Signieren der Autogrammkarten, die ihr die UFA stapelweise ins Haus liefert, kommt sie kaum nach. Aber das ist lange her; wer kennt heute noch den Namen Gusti Huber?

Es geht alles wie unbemerkt vonstatten: die Nachkriegs-Trauung mit »ihrem« Amerikaner, die wechselvolle zweite Karriere, schließlich der Tod mit 79. Selbst die österreichischen Lexika übergehen sie, nur im »Who was who in the theatre« findet sich ein Eintrag von 30 Zeilen.

Dabei liest sich die Biographie der am 27. Juli 1914 in Wien Geborenen, deren Vater Kohlenhändler ist und deren Mutter, eine geborene Roszypal, bei der Bombardierung des Heinrichhofs im März 1945 ums Leben kommt, wie das Curriculum einer Bilderbuchkarriere: »Jedermann«-Komparsin, Filmkind, Schauspielschülerin so berühmter Lehrer wie Rudolf Beer und Albert Bassermann. An der Akademie für Musik und darstellende Kunst sitzt sie in einer Klasse mit Hansi Knoteck, Karl Schönböck, Franz Böheim und Hans Holt.

Auch ihre Engagements folgen dem klassischen Muster: Debüt im Ausland, erst hernach der Rückruf in die Heimat. Mit 16 steht sie auf der Bühne des Zürcher Schauspielhauses; in Wien wird sie sich vom Volkstheater über die »Josefstadt« bis zum Burgtheater hinaufarbeiten. 1940 ist es soweit: Zusammen mit Paul Hörbiger und Susi Nicoletti hält Gusti Huber als jugendliche Naive im Haus am Ring Einzug. Die Julia ist ihre Antrittsrolle, gefolgt von der Viola in »Was ihr wollt«, der Leonore im »Tasso«, der Regine Engstrand in Ibsens »Gespenstern«.

Fast noch mehr ist ihr Typ – quecksilbriges Wiener Mädel mit Herz – beim Film gefragt: »Savoy-Hotel 217«, »Fiakerlied«, »Die unentschuldigte Stunde«, »Kleiner Mann ganz groß«, »Jenny und der Herr im Frack«, »Wie konntest du, Veronika?« und »Marguerite durch 3« heißen einige der Titel; für die Aufnahmen pendelt sie zwischen Wien und Berlin.

Für ihren späteren Lebensweg wird es ein Ereignis im privaten Bereich sein, das die Weichen stellt – und zwar dessen unglücklicher Ausgang. Gusti Huber, auf Sommer-Stagione am Gmundener Stadttheater, verliebt sich in den vier Jahre jüngeren Erben der Wiener Hofjuwelierdynastie Köchert. Gottfrid Köcherts Eltern haben in nächster Nähe ihren Landsitz: Gut Hollereck in Altmünster. Der ebenso attraktive wie verwöhnte Jüngling, der seine Juweliersausbildung noch vor sich hat, geht momentan ganz in seinen sportlichen Interessen auf: Segelboote und Rennwagen. Da soll ihn womöglich auch noch eine »amour fou« mit einer Schauspielerin aus der Bahn werfen? Also stecken ihn die Eltern für ein Jahr in ein College in Amerika. Doch Gusti Huber bleibt »dran«: Obwohl Übersee-Telefonate in den Dreißigerjahren noch ein außergewöhnlicher Luxus sind, ruft sie alle paar Tage in Florida an. Und als er wieder zurück ist – Österreich ist inzwischen ans Deutsche Reich angeschlossen und der zwanzigjährige Gottfrid Köchert zur Wehrmacht einberufen worden –, reist ihm Gusti Huber, so oft es ihr Beruf zuläßt, nach Enns nach, wo er in der dortigen Dragonerkaserne Dienst tut. Ein Kind ist unterwegs, es wird geheiratet, eine zweite

Niederkunft folgt, in der Löwelstraße hinterm Burgtheater steht eine Traumwohnung bereit, die junge Ehefrau trägt den allerneuesten Köchert-Schmuck.

Doch die Verbindung ist nicht von Dauer, wird geschieden; Christiane und Bibi, die beiden Töchter, bleiben bei der Mutter. Auch Gusti Hubers Karriere bricht jäh ab: Bei Kriegsende ist es sowohl mit Bühnenengagements wie mit Filmrollen aus. Es bleibt der Einunddreißigjährigen nichts anderes übrig, als ihr Glück mit Auftritten für die amerikanischen Besatzungssoldaten zu versuchen. Im Hotel Traunblick – man logiert nach wie vor auf dem Köchert-Besitz in Altmünster – singt sie im Austausch gegen Lebensmittel »Tattoo Lady«. Einer ihrer Bewunderer ist der in Oberösterreich stationierte US-Offizier Joseph Besch: Im Rathaus von Altmünster wird geheiratet, in der ehemaligen Villa des belgischen Exkönigs Leopold verbringt

Von der »Jedermann«-Komparsin zur Burgschauspielerin und zum UFA-Star: Gusti Huber

man die Flitterwochen, es folgt die Übersiedlung in die USA.

Natürlich denkt die nunmehrige Amerikanerin Auguste Besch-Huber auch an schauspielerischen Neubeginn. Doch zunächst hat das Privatleben Vorrang: Zwillinge kommen zur Welt; Gatte Joe geht daran, sich eine Zivil-karriere als Filmproduzent aufzubauen. Erst 1952 steht die nunmehr Achtunddreißigjährige wieder auf der Bühne – und diesmal in New York. Ihr noch immer nicht akzent-freies Englisch ist dabei kein Hindernis: Die Hauptrolle in George Taboris Schauspiel »Flight into Egypt« ist eine Polin. Nur für die darauffolgende Verfilmung entschließt sich die Produktion für eine andere Besetzung: Grace Kelly.

Dafür klappt's am Broadway um so besser: 14 Monate steht Gusti Huber en suite in Frederick Knott's Kriminalreißer »Dial M for Murder« auf der Bühne, und als die Auf-führung nach Washington übersiedelt, spendet kein Ge-ringerer als Präsident Truman der immer noch bildschö-nen Ex-Österreicherin bei offener Szene Applaus. Das Letzte, was an Erfolgsnachrichten über Gusti Huber in die alte Heimat dringt, ist ihre Mitwirkung in der Dramatisie-rung des »Tagebuchs der Anne Frank«: Auf der Bühne wie im Film verkörpert sie die Mutter, Joseph Schildkraut spielt den Vater, Susan Strasberg das Mädchen Anne. Dann aber wird es in Österreich still um sie: Sie arbeitet fürs Fernsehen, Gatte Joe Besch macht sich später als Fi-nancier von Großprojekten wie »San Salvador« und »Pla-toon« einen Namen, und Tochter Bibi aus der Köchert-Ehe wird sogar ihre eigene TV-Station in Los Angeles gründen.

Freunde in der alten Heimat glauben zu wissen, daß Gusti Huber in vorgerückten Jahren noch einen letzten, freilich

unerfüllt gebliebenen Wunsch gehabt hat: noch einmal in
Wien auf der Bühne zu stehen. Nur ihrer testamentari-
schen Verfügung, auf österreichischem Boden bestattet zu
werden, wird getreulich entsprochen: Nach ihrem Tod im
Sommer 1993 bringt der Witwer die Urne nach Altmünster und verstreut Gusti Hubers sterbliche Überreste auf
einem Wiesengrund am Ufer des Traunsees. Nicht gerade
in Übereinstimmung mit dem österreichischen Gesetz,
aber dafür sehr romantisch …

*Nach dem Scheitern ihrer Ehe mit dem Wiener Juwelierserben
Gottfrid Köchert startet Gusti Huber in ein neues Leben – in den USA*

Der Despot von Hollywood

Erich von Stroheim

Sein Markenzeichen sind die stahlharten preußischen Offiziere mit dem martialischen Geradeaus-Blick, der straffen Körperhaltung, den eleganten Umgangsformen, der penibel gepflegten Erscheinung, der wie angegossen sitzenden Uniform. Er kann tun, was er will – die Filmproduzenten wollen von Erich von Stroheim immer nur das eine: den glatzköpfigen, niemals lachenden Macho mit dem Faible für tolle Frauen, edle Reitpferde und harte Drinks. Und da ihm die meisten dieser Charakterzüge auch als Privatmensch eignen, also stets reichlich Geld auf dem Konto sein muß, hat Stroheim keine andere Wahl: Immer wieder wird er, obwohl sie ihm schon zum Hals heraushängt, in die ewig gleiche Rolle schlüpfen und das ihm abverlangte Klischee abliefern.

Daß er so sehr in dieses Fach gedrängt wird, kommt natürlich nicht von ungefähr: Erich Hans Oswald Carl Maria Stroheim von Nordenwald ist altösterreichisch-aristokratischer Abkunft. Seine Mutter, eine geborene Baronesse Bondy, ist Trägerin des Kaiserin-Elisabeth-Ordens, sein Vater Major bei den Dragonern (und in späteren Jahren Handelsmann in Bettfedern, Strohhüten und Filz).

Das Elternhaus in Wien-Neubau, Lindengasse 17a, verläßt er frühzeitig: In Mährisch-Weißkirchen, wo vor ihm schon Rilke und Musil die Schulbank gedrückt haben, absolviert er die k.k. Kadettenanstalt, in Wiener Neustadt die Militärakademie. Daß er bei der Truppe Mühe hat, zu reüs-

sieren, liegt nicht an seiner Körpergröße von nur 1,69
Meter, sondern an den hochfahrenden Allüren des jungen
Lebemannes: Die immensen Spielschulden, die ständigen
Weiberaffären, dazu seine sarkastische Zunge – so viel Ex-
zentrik können die Herren vom Generalstab schwerlich to-
lerieren. Auch vom unglücklichen Ausgang eines Duells
mit einem Günstling des Hofes wird gemunkelt: Der Zweiundzwanzigjährige kommt seinem schmachvollen Hinaus-
wurf zuvor und desertiert.

Auch im Zivilleben geht Stroheim eigene Wege: Im väterlichen Handelsunternehmen macht er sich nur kurze Zeit
nützlich, aus der Israelitischen Kultusgemeinde tritt er mit
23 aus. Ein Onkel steckt ihm Reisegeld zu, am 15. November 1909 besteigt er in Bremerhaven den Ozean-

*Ein Stück Filmgeschichte: Jean Renoirs Meisterwerk »La Grande
Illusion« mit Erich von Stroheim (rechts) und Pierre Fresnay*

dampfer »Prinz Friedrich Wilhelm« und geht nach Amerika.

Sich »drüben« mit dem bißchen Schulenglisch durchzuschlagen, ist nicht leicht: In Hoboken, dem New Yorker Deutschen-Viertel, verkauft er Luftballons und Drachen, er versucht sich als Stallknecht und Reitlehrer, als Waldwächter und Bademeister, hilft Eisenbahnschienen legen, dient zwei Jahre als einfacher Soldat in der US-Army.

Ob die vielgepriesene Westküste nicht vielleicht doch der bessere Boden wäre, um Karriere zu machen? Das »Goldfieber«, das den siebenundzwanzigjährigen Stroheim nach Kalifornien lockt, ist allerdings nicht das der nach Edelmetall schürfenden Glücksritter, sondern die Jubel-Mär von der im Entstehen begriffenen Traumfabrik am Stadtrand von Los Angeles, die unter dem Namen Hollywood auf schlummernde Talente wie das eine magische Anziehungskraft ausübt.

Stroheim hat Glück: Nach dem gescheiterten Versuch, in einem armseligen Amateurtheater eine eigene Schauspielertruppe auf die Beine zu stellen, findet er in den von dem württembergischen Auswanderer Carl Laemmle gegründeten Studios der »Universal City« Unterschlupf als Kostümberater (Spezialität: europäische Militäruniformen). Bald fällt auch die eine und andere Statistenrolle für ihn ab, und als es ihm eines Tages gar gelingt, zu dem legendären D.W. Griffith vorzudringen, der gerade seinen Großfilm »The Birth of a Nation« dreht und Stroheim vom Fleck weg als Stuntman engagiert, braucht's nur mehr drei Jahre, bis der unterdessen Dreiunddreißigjährige selber hinter die Kamera treten und sich an die erste eigene Regie wagen kann: »Blind Husbands«.

Jetzt geht's Schlag auf Schlag: Zwischen 1918 und 1928 fertigt Erich von Stroheim nicht weniger als acht Stummfilme an, er steuert selber die Drehbücher bei, übernimmt auch die eine und andere Rolle, und sein alles überragendes Meisterwerk »Greed« (»Gier«) trägt ihm sogar den Ehrentitel »Bester Regisseur des Jahres« ein. Mit »Merry-Go-Round« (»Rummelplatz des Lebens«), »The Merry Widow« (nach Lehárs »Lustiger Witwe«) und »Wedding Marsh« (»Hochzeitsmarsch«) greift er Stoffe auf, die aufs engste mit seiner österreichischen Geburtsheimat verknüpft sind, zugleich aber auch jene Verschwendungssucht in ihm wecken, die die sparsam kalkulierenden Produzenten immer häufiger dazu zwingen wird, ihn vorzeitig abzulösen und die Fertigstellung seiner Filme weniger kompromißlosen Kandidaten anzuvertrauen. Für den Prater-Streifen »Merry-Go-Round« hat er nicht nur die Originalkostüme und die kaiserliche Kutsche aus Wien angefordert, sondern sogar mit dem Gedanken gespielt, Karl und Zita aus ihrem Exil auf Madeira anreisen und in einer der Episoden für eine Gage von 250 000 Dollar persönlich auftreten zu lassen.

Für solch einen Wahnsinnigen, der sich auch seinen Schauspielern gegenüber wie ein Despot aufführt, ist in Hollywood auf die Dauer kein Platz: Erich von Stroheim, seit 1926 amerikanischer Staatsbürger, findet immer seltener Geldgeber, die seine Projekte finanzieren, und sattelt ganz auf Schauspieler um. Hier allerdings erweist er sich als unentbehrlich: Die verhaßten deutschen Offiziere jeglichen Kalibers sind seine Domäne, und mit der Darstellung des Herrn von Rauffenstein in Jean Renoirs Kinoklassiker »La Grande Illusion« wird er sogar in die Filmgeschichte eingehen.

Seinen letzten Welterfolg feiert Stroheim als Fünfundsechzigjähriger an der Seite von Gloria Swanson und William Holden in Billy Wilder's »Sunset Boulevard«. Dann aber zieht er sich nach Frankreich zurück (wo er schon etliche seiner letzten Filme gedreht hat) und führt auf Schloß Maurepas bei Paris an der Seite seiner vierten Frau jenes Luxusleben, das einem Weltmann wie ihm angemessen ist: in üppigen Interieurs, von reichlich Personal umsorgt. Führerschein hat er noch immer keinen: Den chromblitzenden Cadillac steuert ein Chauffeur. Und der Schreibtischsessel in seinem Arbeitszimmer ist in Wahrheit ein Reitsattel mit Steigbügeln.

Zu Beginn des Jahres 1957 sickert durch, Erich von Stroheim sitze über seinen Memoiren: Filmwelt und Buchhandel dürfen sich auf einen Leckerbissen freuen. Doch sie freuen sich vergeblich: Am 12. Mai, vier Monate vor seinem 72. Geburtstag, stirbt Erich von Stroheim an einem Infarkt; auf einem Dorffriedhof in der Nähe von Versailles wird er zur letzten Ruhe gebettet.

Erotika gefällig?

Fritz Lang

Dieses Thema harrt noch der Aufarbeitung: eine Kulturgeschichte jener Karrieren, die gegen den Willen des betreffenden Elternhauses zustande kommen, ja ebendiesem Widerstand zu verdanken sind. Der Filmregisseur Fritz Lang ist dafür das klassische Beispiel.

Der Vater ist Stadtbaumeister in Wien – fest entschlossen, das einzige Kind, das noch dazu ein aufgeweckter und vitaler Knabe ist, zu seinem Nachfolger aufzubauen. Und wenn er schon nicht ins elterliche Unternehmen eintreten mag, soll der Filius wenigstens an der TH Architektur studieren. Aber schon der Dreikäsehoch, der an der Hand der Mutter über den Christkindlmarkt schlendert, macht sich nichts aus Sandkastenschaufeln und Bauklötzen, sondern wünscht sich Zinnsoldaten, Kasperltheaterfiguren und vor allem eine Laterna Magica, mit der man hübsche bunte Bildchen an die Wand werfen kann.

Im Sommer 1900 – Fritz Christian Anton Lang wird demnächst zehn – übersiedelt die Familie aus dem I. Bezirk in die Josefstadt: Im Kinderzimmer in der Piaristengasse wimmelt es von Farbtiegeln und Pinseln, und wenn dem quirligen Jungkünstler die Motive ausgehen, läßt er sich von Karl May und Jules Verne zu neuen Phantasien beflügeln.

Auch der Student Fritz Lang ist nicht zu bändigen: Das Architekturstudium bricht er ab, in der Freizeit produziert er sich als Conferencier in so verruchten Nachtlokalen wie

»Femina« und »Hölle«. Da hilft es auch nichts, daß ihm das
Elternhaus den Geldhahn zudreht: Der inzwischen Einundzwanzigjährige, ganze 40 Kronen in der Tasche, verläßt
fluchtartig Wien, läßt sich zunächst in München in einer
Malschule einschreiben und geht anschließend auf Reisen.
Wie er es schafft, mit nichts als seinen Einkünften als Post-
kartenmaler bis nach Belgien und Holland, ans Mittelmeer
und nach Nordafrika zu gelangen? Er selber wird es Jahrzehnte später, wenn er auf seine Anfänge zurückblickt, an-
deuten: Die Bildchen, für die seine durchwegs männliche
Klientel tief in die Geldbörse zu greifen bereit ist, stellen
keine Wiesenblumen oder Sonnenuntergänge dar, sondern Nuditäten beim Liebesspiel. Selber ein zügelloser
Erotomane, wechselt Fritz Lang seine Partnerinnen mit
solcher Häufigkeit, daß er sie bald nur noch, um peinliche
Verwechslungen zu vermeiden, bei ihrem Einheitsnamen
»Peter« rufen wird.
Bei Kriegsausbruch 1914 finden wir ihn in Paris, in einem
Atelier am Montmartre lernt er Akt zeichnen. Sein Talent
steht außer Zweifel: Eines der Selbstporträts aus dieser
Zeit, die sich erhalten haben, könnte von Egon Schie-
les Hand stammen. Aus Frankreich ausgewiesen, läßt
sich der Vierundzwanzigjährige vom allgemein aufbran-
denden Patriotismus anstecken, kehrt in die Heimat zurück und leistet als k.u.k. Freiwilliger an der Ostfront
Militärdienst.
Als er, mehrfach ausgezeichnet und schwer verwundet, im
Lazarett liegt, sattelt er vom Malen aufs Schreiben um,
und siehe da: Die Erzählungen »Hilde Warren und der
Tod« und »Die Hochzeit im Excentric Club« landen nicht
etwa in der Lade, sondern geraten in die Hände des viel-
beschäftigten, aus Wien stammenden Stummfilmregis-
seurs Joe May und werden von dem zehn Jahre Älteren

»Deutschlands Verlust ist Amerikas Gewinn!«
– mit diesen Worten heißt MGM-Boß David O. Selznick Regisseur Fritz Lang in Hollywood will-kommen

zur Verfilmung angenommen. Und als sich Fritz Lang im selben Jahr 1917 auch als Schauspieler versucht und in der Titelrolle des Lustspiels »Der Hias« auf der Bühne des Ronachers steht, wird Erich Pommer, der in Wien zu Besuch weilende Chef der Berliner *Decla-Bioscop*, auf das vielversprechende Talent aufmerksam und nimmt ihn als Dramaturgen unter Vertrag. Im Decla-Büro an der Friedrichstraße soll er die eingehenden Drehbuchent-würfe auf ihre Brauchbarkeit prüfen. Doch dabei bleibt's nicht lang: Wieso denn keine eigenen Filmideen ent-wickeln?

Das Tempo, mit dem im Berlin dieser Jahre fürs Kino ge-arbeitet wird, ist atemberaubend: Allein 1919 werden nicht weniger als neun seiner Drehbücher verfilmt, und

mit Streifen wie »Halbblut«, »Die Spinnen« und »Hara-
kiri« kann Fritz Lang auch als Regisseur debütieren. Nun
also mit beiden Beinen fest im Metier stehend, fehlt es ihm
nur noch an dem Hausautor, der ihm die passenden Stoffe
liefert, und hierfür stellt Langs Privatleben die Weichen:
Der Dreißigjährige heiratet die sehr erfolgreiche Unter-
haltungsschriftstellerin Thea von Harbou. Sie, die zwei
Jahre Ältere, ist es, die ihm die Vorlagen für seine Meisterwerke »Die Nibelungen«, »Der müde Tod« und »Dr.
Mabuse, der Spieler« erstellt.
Eine Studienreise in die USA, die Lang und seinen Produzenten Pommer in die Geheimnisse der amerikanischen
Film- und Tricktechnik einweihen soll, schafft die Voraussetzungen für das nächste Großprojekt: Mit fünf (statt der
veranschlagten einen) Million Reichsmark und 36 000
Komparsen dreht Fritz Lang seinen Monumentalstreifen
»Metropolis«, gefolgt von den Stummfilmklassikern »M –
Eine Stadt sucht einen Mörder« und »Das Testament des
Dr. Mabuse«, und als 1933 auch die inzwischen ans Ruder
gelangten Nationalsozialisten das Genie Fritz Langs erkennen, bahnt sich in dessen Karriere ein nächster Höhepunkt an: Goebbels bietet dem Schöpfer von Hitlers Lieb-
lingsfilm »Die Nibelungen« die oberste Leitung des
Reichsfilmwesens an.
Unser Kandidat erbittet sich 24 Stunden Bedenkzeit.
Schon im Jahr davor von seiner Frau Thea geschieden,
deren übersteigerten Nationalismus er unmöglich teilen
kann, rückt der überzeugte Liberale nun vollends von den
neuen Machthabern ab und besteigt noch am selben Tag
den Nachtzug nach Paris. Da die Bankschalter bereits geschlossen sind, bleibt nicht einmal Zeit, sein Konto auf-
zulösen: Ohne Geld tritt der Zweiundvierzigjährige die
Flucht aus Deutschland an.

Paris bleibt nur Zwischenstation: Nachdem er in den dortigen Ateliers rasch noch einen aus dem Wiener ins französische Milieu verlegten »Liliom« abgedreht hat, setzt er sich im Sommer 1934 zusammen mit seiner neuen Lebensgefährtin Lily Latté an Bord der »Ile de France« nach Amerika ab. Sein längst auch international gefestigtes Renommee erspart ihm die Mühsal des Neubeginns: Mit den Worten »Deutschlands Verlust ist Amerikas Gewinn« empfängt ihn MGM-Boss David O. Selznick mit einem unterschriftsreifen Vertrag, und auch wenn die 22 Filme, die er in den nun folgenden Jahren in Hollywood drehen wird, nicht an jene 17 heranreichen werden, die ihn in Deutschland und von Deutschland aus berühmt gemacht haben, steigt er auch »drüben« zu einem der Großen der Zunft auf. Ab 1939 US-Staatsbürger, wird dem Ex-Österreicher erst in den Jahren nach dem Zweiten Weltkrieg die neue Heimat verleidet, als McCarthy's »Komitee für unamerikanische Umtriebe« den seit längerem mit den Kommunisten Sympathisierenden auf seine berüchtigte schwarze Liste setzt.

Seine Rückkehr nach Deutschland, zu der er sich 1956 überreden läßt, kann dennoch keine von Dauer sein: Die Filme »Der Tiger von Eschnapur«, »Das indische Grabmal« und »Die 1000 Augen des Dr. Mabuse« sind zwar geschäftliche, aber keine künstlerischen Erfolge. Und vor allem: Fritz Lang kann und will nicht vergessen, wieviel Unheil Deutschland in den Jahren des Nationalsozialismus über die Welt gebracht hat. Selbst der Jüdin Lilli Palmer, die ihn bei Dreharbeiten auf deutsch anspricht, antwortet er auf englisch. Daß man ihn unerträglicher Arroganz zeiht, nimmt er in Kauf – und ist er im übrigen Zeit seines Lebens gewohnt. Hat man ihm nicht schon in jungen Jahren sein demonstrativ zur Schau getragenes Monokel als

geckenhafte Allüre ausgelegt – obwohl sich dahinter keinerlei eitle Marotte, sondern ein chronisches Augenleiden
verbarg?

Erst gegen Ende seines Lebens – Fritz Lang stirbt am
2. August 1976 fünfundachtzigjährig in seinem Haus am
Summitridge Drive in Beverly Hills – kommt im Wesen
dieses stolzen, rigiden, ja unbeherrschten Mannes so etwas
wie Milde auf, und vor allem beim Thema Wien kann es
passieren, daß ihn Besucher aus der alten Heimat gelegentlich bei sentimentalen Anwandlungen ertappen – sei
es, daß er über seinen unerfüllt gebliebenen Traum klagt,
zur Abrundung seines Lebenswerks noch die lange ge-
plante »Legende vom letzten Wiener Fiaker« zu drehen,
sei es, daß er sich zum Frühstück regelmäßig von der Emi-
grantenbäckerei Benesch die unentbehrlichen Butterkip-
ferln ins Haus liefern läßt ...

Vom Ladenschwengel zum Meisterregisseur

Josef von Sternberg

Als dem Schauspieler William Powell 1929 ein frischer Hollywood-Vertrag zur Unterschrift vorgelegt wird, besteht er auf der Zusatzklausel, er dürfe niemals wieder für einen Film verpflichtet werden, bei dem Josef von Sternberg Regie führt. Auch für andere aus der Branche ist der zu dieser Zeit Fünfunddreißigjährige ein Leuteschinder sondergleichen, und als er gegen Ende seines Lebens zur Feder greift und seine Erinnerungen niederschreibt, bemüht er sich selber um eine Erklärung für sein tyrannisches Walten hinter der Kamera. Ob es mit seiner harten Kindheit zu tun haben mag?

Jonas Stern – so der bürgerliche Name des am 29. Mai 1894 im Wiener Bezirk Leopoldstadt Geborenen – wächst in bedrückenden Verhältnissen auf: Für jede Tracht Prügel muß er dem Vater die Hand küssen, sein Religionslehrer macht aus dem Hebräisch-Unterricht ein sadistisches Inferno, die Freuden der Praterlokale mit ihren duftenden Gänsebraten, schäumenden Limonaden und betörenden Strauß-Walzern kennt er nur vom »Speanzeln« durch den Zaun.

Aber auch im gelobten Land Amerika, wohin die siebenköpfige Familie 1908 auswandert, läßt das Glück auf sich warten: Der Vierzehnjährige darf in einem New Yorker Putzmacherladen Kellerstiege und Trottoir reinigen, und als er auch diesen Job verliert, muß er froh sein, sich mit Schneeschaufeln durchzubringen, mit Hausieren oder mit dem Zustellen von Packpapier.

*Mit dem »Blauen Engel« in den Welterfolg: Regisseur
Josef von Sternberg (links) und Hauptdarsteller Emil Jannings*

Der »Einstieg« ins Filmgeschäft erfolgt, als ihn ein gleichaltriger Bursche, den er beim Streunen durch die Parks
von Manhattan kennengelernt hat, in die Geheimnisse
einer Kellerwerkstatt einweiht, in der dessen Vater mit
einer selbstgefertigten Apparatur ramponierte Filmbän-
der »aufmöbelt«. Für 15 Dollar pro Woche darf Jung-Jonas
mit Rasierklinge und Klebstoff mithelfen, in der Repara-
turabteilung einer Verleihfirma die verschlissenen Kopien
von ihren Verschmutzungen, Schrammen und Rissen zu
befreien, damit sie wenigstens noch fürs Abspielen in dritt-
klassigen Vorstadtkinos taugen.

Da er seine Sache gut macht, steigt unser Held mit der Zeit
zum Leiter der Versandabteilung auf: Nun hat er dafür zu
sorgen, daß die Kinos pünktlich ihre Filmrollen bekommen. Und als er sich eines Tage in jenem Vorführraum zu
schaffen macht, in dem sich die Regisseure die Muster
ihrer vor der Endfertigung stehenden Streifen ansehen,
wird man auch dort auf den cleveren Typ aufmerksam und
überträgt ihm – noch befinden wir uns in der Stummfilm-
ära! – die Kontrolle der Zwischentitel.

Was er hier den Aufnahmeleitern, Scriptgirls und Cutte-
rinnen bei deren Arbeit abguckt, kommt ihm zustatten, als
er während des Ersten Weltkrieges zum Militär einrückt:
Jonas Stern kann sich bei der Herstellung wehrertüchti-
gender Lehrfilme für die US-Army nützlich machen. Und
als er 1918 die Uniform ablegt, ist er endgültig für höhere
Aufgaben reif, steigt als Regieassistent voll in die Branche
ein und dreht sieben Jahre darauf sogar seinen ersten eigenen Film: »The Salvation Hunters«.

Charlie Chaplin erkennt das Talent des besonders auf
Unterwelt-Sujets und düstere Stimmungen spezialisierten
Regieneulings, Produzenten machen die erforderlichen
Geldmittel locker, Hollywood-Stars wie Emil Jannings

verhelfen dem Vierunddreißigjährigen, der sich inzwischen den wohlklingenden Künstlernamen Josef von Sternberg zugelegt hat, zum Durchbruch. Und als der gleiche Jannings, vor der Rückkehr nach Europa stehend, an seinem Debüt beim gerade aufkommenden Tonfilm bastelt, nimmt er den zehn Jahre Jüngeren kurzerhand nach Berlin mit und betraut ihn mit der Regie des »Blauen Engels«.

Heinrich Mann erklärt sich mit der totalen Umkrempelung der Story vom »Professor Unrat« einverstanden, Carl Zuckmayer verwandelt die Romanvorlage in ein Drehbuch, Friedrich Holländer steuert die Musik bei. Nur die Hauptdarstellerin fehlt noch: Wer käme für die Rolle des verruchten Vamps Lola in Betracht, die den Schultyrannen Raat zugrunde richtet? Sternberg blättert in den Photokatalogen der Schauspieleragenturen. »Frl. Dietrich« heißt die unbekannte Blondine, die ihm ins Auge sticht. Doch sein Assistent, um seine Meinung befragt, winkt ab: »Der Popo ist nicht schlecht, aber brauchen wir nicht auch ein Gesicht?« Da sieht Sternberg sie wenige Tage später wieder – und diesmal leibhaftig: Mehr oder minder zufällig ist er in eine Theatervorstellung geraten, in der dieses »Frl. Dietrich« – Georg Kaisers Revuestück »Zwei Krawatten« steht auf dem Programm – eine kleine Rolle innhat. Und jetzt fällt es ihm wie Schuppen von den Augen: Die oder keine!

Alles Weitere ist Filmgeschichte: »Der blaue Engel« wird zur Weltsensation. Und Marlene Dietrich folgt ihrem Entdecker, als dieser in seine Wahlheimat zurückkehrt, nach Amerika und dreht unter seiner Regie ein Meisterwerk nach dem anderen: »Morocco«, »Blonde Venus«, »Shanghai Express«, »Die scharlachrote Kaiserin«, »Der Teufel und seine Frau«. Und als wären Sternberg und sein

Superstar schicksalhaft aufeinander angewiesen, wird keiner seiner späteren Filme – darunter »The King steps out«, »Sergeant Madden«, »The Shanghai Gesture«, »Jet Pilot«, »Macao« und der in Japan gedrehte »Anatahan« – an jene Hits der dreißiger Jahre anknüpfen, die Sternberg mit Marlene Dietrich geglückt sind. Mit sechzig zieht er sich aus dem Filmbetrieb zurück, 1965 veröffentlicht er seine Memoiren, am 22. Dezember 1969 stirbt der einstige Wiener Praterbengel Jonas Stern alias Josef von Sternberg fünfundsiebzigjährig in einer Klinik in Hollywood.

Austerlitz alias Astaire

Fred Astaire

Fred Astaire – ein Österreicher? Das nicht. Aber als der »Lord of the Dance«, wie ihn auf dem Gipfel seines Ruhmes die Londoner »Times« nennen wird, am 10. Mai 1899 in Omaha, der gerade die Hunderttausend-Grenze überschreitenden Industrie- und Universitätsstadt im Mittleren Westen der USA, zur Welt kommt, ist sein Vater erst das vierte Jahr »drüben«. Und dieser Friedrich Austerlitz (nicht zu verwechseln mit dem sechs Jahre älteren Politiker gleichen Namens und späteren Chefredakteur der Wiener »Arbeiter-Zeitung«) wird wohl noch ein Weilchen brauchen, bis er ein waschechter Amerikaner ist: Sein Englisch hat stark österreichische Schlagseite. Da hilft es auch nichts, daß er bei der Behörde um Namensänderung ansucht: Aus Austerlitz wird Astaire.

Die Familie kommt aus Mähren, Schritt für Schritt arbeitet sie sich an die Hauptstadt heran: Ernst, der älteste der drei Brüder, wird noch in Pilsen geboren, Otto bereits in Linz, desgleichen Friedrich (der aber noch in jungen Jahren nach Wien übersiedelt).

Die Austerlitz sind Bierbrauer. Und sie sind ihrer Heimat Österreich-Ungarn so loyale Staatsbürger, daß sie nicht nur mit Hingabe dem Kaiser und dessen Armee dienen, sondern sogar dem angestammten Glauben abschwören und von der mosaischen zur katholischen Konfession übertreten. Der Militärdienst hat es vor allem dem Ältesten angetan: Ernst Austerlitz bringt es bis zum Hauptmann, auch

Otto ist Offizier. Nur Friedrich, Jahrgang 1868, verabscheut Obrigkeitsdenken und Kasernenhofdrill. Da können Konflikte kaum ausbleiben: Als er eines Tages in voller Montur seinem Bruder Ernst über den Weg läuft, ohne – wie vorgeschrieben – dem Ranghöheren zu salutieren, wird sein Fehlverhalten der vorgesetzten Stelle gemeldet, und der Delinquent landet im Arrest.

Das ist zu viel für den freiheitsliebenden Sechsundzwanzigjährigen! Er beschließt, seiner Heimat den Rücken zu kehren und ins Mutterland der Demokratie, nach Amerika, auszuwandern: Friedrich Austerlitz besteigt 1895 den Ozeandampfer nach New York. Es ist dasselbe Jahr, in dem in Wien Karl Lueger zum Bürgermeister gewählt wird, Arthur Schnitzlers »Liebelei« am Hofburgtheater seine Uraufführung erlebt, die Operettenkomponisten Franz von Suppé und Nico Dostal zur Welt kommen, im Prater der Vergnügungspark »Venedig in Wien« Furore macht, die »Arbeiter-Zeitung« von wöchentlichem auf tägliches Erscheinen umstellt.

In New York hält sich Friedrich Austerlitz einige Tage auf, quasi zum »Aufwärmen«, dann geht's schnurstracks weiter nach Nebraska: In Omaha am Ufer des Missouri halten Freunde einen Job in der Lederbranche für den Emigranten bereit. Doch kaum am Zielort angelangt, sieht er die besseren Chancen für sein Fortkommen im Bierbrauergewerbe, das ihm aus alter Familientradition vertraut ist, und tritt in die renommierte Storz Brewing Company ein.

Welcher Typ Mann ist dieser Friedrich Austerlitz? Jedenfalls ein geselliger, ein entschlußfreudiger Draufgänger. Schon das Grundbuchblatt des k.u.k. Heeres-Bezirks-Commandos hat unter dem Rubrum »Eigenschaften des Gemüthes und des Charakters« seine »Verläßlichkeit«, seine »Gutmüthigkeit« sowie »viele Geistesgaben« hervorgehoben. Aus Wien bringt er außerdem die obligaten musischen Neigungen mit: Er liebt das Theater, und er spielt selber Klavier. Die Österreicher, von denen er sich soeben gelöst hat, pflegt er in zwei Kategorien einzuteilen: »Entweder sie sind Musiker, oder sie sind Schurken!« beliebt er zu scherzen. »Ich bin natürlich Musiker.«

Friedrich Austerlitz alias Frederick Astaire findet sich in seiner neuen Heimat gut zurecht: Die Frau, die er schon ein Jahr nach seiner Einreise heiratet, ist Amerikanerin. Ann Geilus, zehn Jahre jünger als er, scheint eine patente und ambitionierte Person zu sein: Wenn die beiden Kinder, die sie zur Welt bringt, ins schulpflichtige Alter kommen, wird sie ihnen sogar den Hauslehrer ersetzen können. Adele, Jahrgang 1898, ist das Erstgeborene, gut ein Jahr später folgt Sohn Frederick.

In den wohlhabenden Familien Amerikas ist es zu dieser Zeit Mode, den weiblichen Nachwuchs in eine der örtlichen Tanzschulen zu schicken. Bei der kleinen Adele ist es allerdings mehr als bloß erzieherisches Zwischenstadium: Schon die Fünfjährige entpuppt sich als außergewöhnliches Talent, mit ihren Step-Nummern ist sie der erklärte Liebling der *Chambers' Dancing Academy* in der West Farnum Street.

Wenn Bruder Frederick die Mutter begleitet, um Adele zur Tanzstunde zu bringen oder von der Schule abzuholen, hat der Knirps für all die herumhopsenden und seltsam kostümierten Girls höchstens ein müdes Lächeln übrig. Nur einmal – der Unterricht ist noch nicht zu Ende, und man muß im Vorraum warten – greift der Vierjährige nach einem der auf dem Boden herumliegenden Ballettschuhe, streift sich ihn spaßeshalber über und probiert seinerseits ein paar Tanzschritte. Der aufmerksam die Szene beobachtenden Mutter entgeht dabei nicht, daß sich auch

Seit wann wird im Kino applaudiert?
Seit dem Debüt des Tanzduos Fred Astaire/Ginger Rogers
(hier in dem Film »Die Matrosen kommen«)

Klein-Fred erstaunlich geschickt anstellt, und so steht binnen kurzem ihr Entschluß fest: Aus den beiden muß ein Tanzpaar werden!

Nun nimmt also auch der Bub Ballettstunden, und nachdem sich zu bestätigen scheint, daß tatsächlich alle zwei das Zeug zum Wunderkind haben, kennt die ehrgeizige Mutter kein Halten mehr und wagt im Spätherbst 1904 einen mehr als tollkühnen Schritt: Sie läßt sich und ihre

Sprößlinge mit Daddy's Einspänner zur Railway Station von Omaha kutschieren und besteigt den Zug Richtung New York. In Chicago wird die Bahn gewechselt, das gesamte Unternehmen dauert zwei Tage und zwei Nächte. In der Millionenstadt angekommen, sucht Mrs. Astaire ohne viele Umschweife die ihr empfohlene *Alvienne School of Dance* auf und meldet Adele und Fred zum Unterricht an.

Ihr Eifer trägt Früchte: Schon im Jahr darauf können sie und Gatte Frederick zum ersten öffentlichen Auftritt ihrer Kinder anreisen: In Keyport im Staat New Jersey produziert sich das Dreikäsehoch-Duo vor zahlendem Publikum mit einer Ballettpantomime von »Cyrano de Bergerac«. Bald setzen auch die ersten Tourneen durch die amerikanische Provinz ein, Mutter Astaire zählt zum Begleit-Troß, der Vater stößt, so oft es sein Beruf zuläßt, auf Stippvisite dazu. Trifft sich die Familie in New York, so verbindet Mr. Astaire seinen Aufenthalt mit Besuchen bei Geschäftsfreunden oder kehrt in einem seiner Lieblingslokale ein: im *Hofbrau House*, bei *Luchow's*, dem deutschen Restaurant in der 14. Street, oder im *Café Boulevard*, wo es ihm die Musik der Zigeunerkapelle angetan hat.

Bis »The Astaires« ihren ersten Broadway-Auftritt bekommen, gehen allerdings noch viele Jahre ins Land, dafür wird das Musical »Over the Top« im *Fortyforth Street Roof Theatre* für die beiden inzwischen Achtzehn- bzw. Neunzehnjährigen ein um so größerer Triumph, und das geht so dahin bis zu jenem Schicksalsjahr 1932, wo Adele im Zuge eines England-Gastspiels Lord Charles Cavendish kennenlernt, mit ihm vor den Traualtar tritt und die Ballettschuhe ein für allemal an den Nagel hängt.

Was zunächst wie ein verhängnisvoller Einschnitt aussieht, ist für Bruder Fred im Gegenteil der Startschuß für die ei-

Die Austerlitz alias Astaire stammen aus Mähren; Freds Vater (hier im Bild) wandert mit 30 nach Amerika aus

gene Karriere: Nach dem Riesenerfolg der Revue »Gay Divorce« meldet sich Hollywood mit Probeaufnahmen, und auch wenn die erste Beurteilung des Filmneulings wenig schmeichelhaft »Kann nicht spielen, hat wenig Haare, ist ganz gut im Tanzen« lautet und das Debüt mit Joan Crawford und Clark Gable (»Dancing Lady«) keinen der Kritiker vom Sessel reißt, ist dies alles mit einem Schlag anders, als Fred Astaire mit einer Partnerin zusammengespannt wird, mit deren Tanzkunst sich die seine ideal ergänzt: Ginger Rogers. Neun Filme drehen die beiden miteinander, und darunter sind Hits, bei denen das Kinopublikum – was auch in Amerika ungewöhnlich ist – in frenetischen Applaus ausbricht. Auch mit Rita Hayworth, Eleanor Powell, Paulette Goddard, Judy Garland, Cyd Charisse, Leslie Caron und Audrey Hepburn steht er vor der Kamera, und wenn ihn später Reporter mit der Frage quälen werden, welche von diesen allen ihm denn die liebste gewesen sei, weicht er galant aus und antwor-

tet: »Bing Crosby.« In seiner eleganten, schwerelos-lässi-
gen Manier tanzt er über Treppen, durch Büroräume, auf
Schiffsdecks, durch sommerliche Wälder und winterliche
Schneelandschaften – und einmal sogar die Wand hinauf
über den Plafond. »Daddy Langbein«, »Ein süßer Fratz«
und »Seidenstrümpfe« füllen auch in Europa die Kinokas-
sen, und da Fred Astaire mittlerweile gelernt hat, auch als
Pianist, Schlagzeuger und Sänger gute Figur zu machen,
hebt er eine ganze Reihe Songs von Irving Berlin, George
Gershwin und Cole Porter aus der Taufe, und gegen Ende
seiner Karriere wird er sich sogar auch als Charakterdar-
steller bewähren – es ist der 1981 gedrehte Film »Ghost
City«.

Was den Weltstar mit den österreichischen Wurzeln von
vielen seiner Hollywood-Kollegen unterscheidet, ist sein
unspektakuläres Privatleben: Bis zu ihrem frühen Tod im
Jahr 1954 ist und bleibt er mit einer und derselben Frau
glücklich verheiratet, und erst mit einundachtzig geht
Astaire (mit der 45 Jahre jüngeren Robyn Smith) eine
zweite Ehe ein.

Als er am 22. Juni 1987 in einem Krankenhaus bei Los Angeles an den Folgen einer Lungenentzündung achtund-
achtzigjährig stirbt, ist alle erdenkliche Vorsorge getroffen,
daß das Lebenswerk dieses überragenden Künstlers eine
sinnvolle Fortsetzung erfährt: Die *Fred Astaire Dance
Studios Corporation* betreibt an die hundert Tanzschulen
in den verschiedensten Teilen der USA. Und auch wenn
das Land der Tänzer und Geiger, das ferne Österreich,
Fred Astaire schwerlich zu den Seinen zählen darf, ein
schmaler Strahl seines Glanzes fällt wohl doch auch auf die
Heimat seines Vaters Friedrich Austerlitz, der anno 1895
– eines lächerlichen Offiziershändels wegen – die Alte
gegen die Neue Welt eingetauscht hat ...

Mit den Waffen einer Frau

Hedy Lamarr

16. Oktober 1998: Der *Österreichische Patentinhaber- und Erfinderverband* vergibt seine höchste Auszeichnung an eine Frau. Empfängerin der für gewöhnlich männlichen Kandidaten vorbehaltenen *Viktor-Kaplan-Medaille* ist – auf Vorschlag der *Akademie der Wissenschaften* – eine gewisse Hedy Kiesler-Markey, wohnhaft in Altamonte, einem Vorort von Orlando im US-Bundesstaat Florida. Die Preisträgerin kann an der Verleihungszeremonie selber nicht teilnehmen, die Reise nach Wien wäre der knapp Vierundachtzigjährigen wohl zu beschwerlich, sie bittet ihren in Los Angeles ansässigen Sohn Anthony, an ihrer Stelle die Ehrung entgegenzunehmen.

Der Grund ihrer Auszeichnung ist ein 1942 in den USA angemeldetes Patent, das unter dem Titel *Frequency Hopping* zunächst dazu genutzt wird, die Fernsteuerung von Torpedos gegen feindliche Störsender unempfindlich zu machen. Aber die geniale Erfindung der damals Achtundzwanzigjährigen hat bis heute ihre Bedeutung behalten, ja ein ganzer Industriezweig mit Milliarden-Dollar-Umsätzen wäre undenkbar ohne sie: Vom Schnurlos-Telephon bis zum Handy, von der Steuerung der Aufklärungssatelliten bis zur regionalen Verteilung von Fernsehprogrammen und Internet-Inhalten bildet das von Mrs. Hedy Kiesler-Markey ausgetüftelte Verfahren eine der Voraussetzungen für die Fortentwicklung der modernen Kommunikationstechnologie.

Da ist Anthony Loder genau der richtige Mann, bei der Übergabe der *Viktor-Kaplan-Medaille* seine Mutter zu vertreten: Das Unternehmen in Kalifornien, dem er vorsteht, heißt *Phones USA* und ist auf die Herstellung von Mobiltelephonen spezialisiert.

Doch zurück zur Preisträgerin: Wer ist diese Frau? Und wieso wird sie gerade in Österreich, das auf diesem Gebiet eine eher untergeordnete Rolle spielt (und das meiste an einschlägigem Instrumentarium aus dem Ausland bezieht), ausgezeichnet?

Die Antwort ist einfach: Hedy Kiesler-Markey ist von Geburt Österreicherin, erst 1953 nimmt sie die amerikanische Staatsbürgerschaft an.

Wieso aber ist dann ihr Name in keinem unserer Prominentenlexika verzeichnet, in keinem »Who is who«?

Irrtum – er *ist* es! Nur nicht unter dem Buchstaben K, sondern unter dem Buchstaben L.

Hedy Lamarr.

Der Hollywood-Filmstar – auch eine Kapazität in Sachen High Tech?

Eine lange Geschichte, reich an Überraschungen, reich an Höhe- und Tiefpunkten, reich an Pikanterien …

Am 9. November 1914 kommt sie in Wien zur Welt, ins Geburtsregister wird sie unter dem Namen Hedwig Eva Maria Kiesler eingetragen. Vater Emil ist Direktor bei der Creditanstalt, Mutter Gertrud Konzertpianistin. Man wohnt in einem der Nobelviertel des Außenbezirks Döbling: Peter-Jordan-Straße 12. Erstaunlich genug, daß die dem Wiener Großbürgertum angehörenden Eltern dem Drängen ihrer bildschönen Tochter, Schauspielerin zu werden, nachgeben und dafür sogar in Kauf nehmen, daß sie ihre Schulausbildung abbricht.

Immerhin ist es der große Max Reinhardt, der die erst

Der Flucht aus der Ehe folgt der Start in die Weltkarriere:
Hedwig Kiesler alias Hedy Lamarr (1937)

Fünfzehnjährige am *Deutschen Theater* in Berlin unter
seine Fittiche nimmt und schon bald in Nebenrollen der
von ihm inszenierten Stücke einsetzt. Auftritte auf Wiener Bühnen folgen: im Raimundtheater, in der »Josefstadt«. Auch beim Film, der gerade eben »sprechen« gelernt hat, kommt sie unter – zunächst als Scriptgirl,
schließlich auch *vor* der Kamera: »Die Koffer des Herrn
O. F.« ist eine mit Chansons von Erich Kästner angerei-
cherte Zeitsatire mit Peter Lorre in der Titelrolle. In dem
im selben Jahr 1931 gedrehten Lustspiel »Man braucht

kein Geld« sind Heinz Rühmann, Hans Moser und Ida Wüst ihre Partner.

Zu ihrer ersten Namensänderung entschließt sich die mittlerweile Achtzehnjährige, als sie in der tschechischen Produktion »Ekstase« eine junge Ehefrau verkörpert, die ihr unerfüllt bleibender Kinderwunsch in die Arme eines jungen Liebhabers treibt: Es ist jener Film, der Hedy Kieslerová auf einen Schlag berühmt machen wird. Berühmt und berüchtigt – und zwar jener kaum zehn Minuten wegen, in denen die Hauptdarstellerin einem Badesee entsteigt und splitternackt durch den Wald läuft. Nach heutigen Begriffen mehr als züchtig, kommt es zu dieser Zeit einer Ungeheuerlichkeit gleich, in Großaufnahme ein Gesicht zu zeigen, in dem sich die Andeutung eines sexuellen Höhepunktes spiegelt: Gustav Machatys 124-Minuten-Streifen wird ein solcher Skandal, daß die inzwischen von den Nationalsozialisten installierte Filmprüfstelle eine Reihe von Schnitten anordnet und »Ekstase« auch nur unter dem hausbackenen Titel »Symphonie der Liebe« für den Verleih freigibt. Im noch prüderen Amerika wird der erste »female on screen orgasm« sogar erst 1940 in die Kinos kommen. Und Ehemann Fritz Mandl – Hedy hat inzwischen auf Wunsch der Familie den bekannten Wiener Waffenfabrikanten geheiratet – will überhaupt versuchen, sämtliche Kopien des »Machwerks« aufzukaufen und aus dem Verkehr zu ziehen.

Die am 10. August 1933 in der Wiener Karlskirche geschlossene Ehe mit dem 14 Jahre Älteren erweist sich binnen kurzem als ein Unding: Der Bräutigam besteht nicht nur auf Hedys Übertritt vom mosaischen zum katholischen Glauben sowie auf ihrem feierlichen Versprechen, sich nie wieder vor der Kamera auszuziehen, sondern er hält sie auch in den eigenen vier Wänden – Wohnsitz des Paares ist

Schloß Schwarzenau in Niederösterreich – wie eine Gefangene. Den rasend Eifersüchtigen, in dessen Haus Prominenz wie Ödön von Horváth oder das Ehepaar Franz und Alma Werfel verkehrt, trennen außerdem in politischer Hinsicht Welten von seiner in liberalem Milieu aufgewachsenen Frau: Mandl, Inhaber der Hirtenberger Patronenfabrik, hat Mussolinis Abessinien-Feldzug ausgerüstet, unterhält mit der deutschen Marine lebhafte Geschäftsbeziehungen und ist mit dem Heimwehr-Führer Ernst Rüdiger Graf Starhemberg eng befreundet.

Eines allerdings verdankt Hedy ihrem ungeliebten Mann: Er läßt sie in seine Geheimpapiere über neuentwickelte Waffensysteme Einblick nehmen, und so erstaunlich es für eine bildschöne junge Frau wie sie auch sein mag: Hedy, die sich schon als Kind stark an technischen Dingen interessiert zeigt (und sich beispielsweise vom Vater in die Mechanik seiner Taschenuhr einweihen läßt), findet im Umkreis Fritz Mandls einen reichen Nährboden für jenen Erfindergeist, der sie Jahre später zu einem der nutzbringendsten Patente des Zweiten Weltkrieges befähigen wird. Dazu aber muß sie erst einmal das Terrain wechseln: Fluchtartig verläßt Hedy Mandl-Kiesler nach vier Jahren Ehedauer ihren Mann und setzt sich via Paris nach London ab. Dort lernt sie den Boß der MGM-Film, den allmächtigen Hollywood-Produzenten Louis B. Mayer, kennen, und der nimmt die mittlerweile Zweiunddreißigjährige kurzerhand nach Amerika mit. Noch an Bord des Ozeandampfers »Normandie« schließt er mit seinem Schützling einen langfristigen Filmkontrakt ab und verpaßt ihr zugleich einen neuen Namen, der der »schönsten Frau der Welt« – so will es die von ihm entwickelte Marketingstrategie – den Start in der Neuen Welt erleichtern soll: Hedy Lamarr.

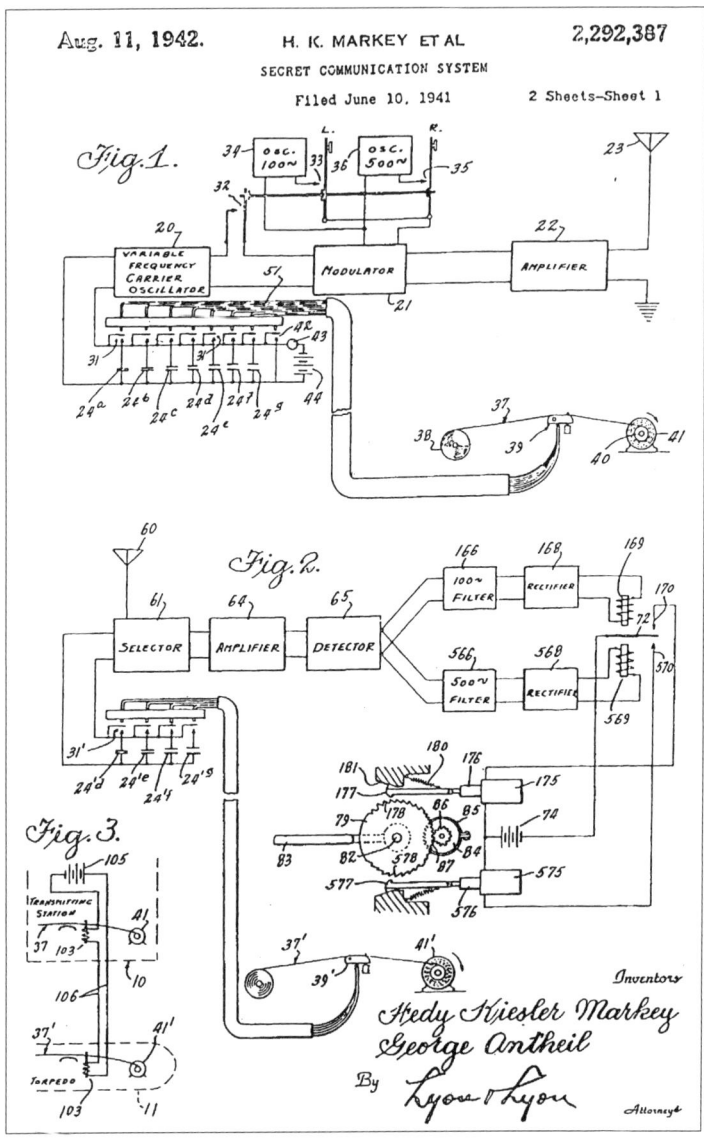

Ein Patent aus dem Jahr 1942, das bis heute Wirkung zeigt:
das von Hedy Lamarr und dem Avantgardekomponisten George
Antheil entwickelte »Frequency Hopping«

Sei es, daß Mr. Mayer dabei an die Vertragsunterzeichnung auf hoher See (la mer) oder aber an die einstige Stummfilmdiva Barbara La Marr denkt – das Pseudonym Hedy Lamarr wird jedenfalls binnen kurzem zu einem der Markenzeichen der US-Traumfabrik, beginnend mit dem United-Artists-Remake »Algiers«, in dem sie eine geheimnisvolle Touristin spielt, die einen in der Kasbah von Algier gestrandeten Pariser Juwelendieb (verkörpert von Charles Boyer) ins Unglück treibt. Es folgen Streifen mit Judy Garland und Lana Turner, mit James Stewart und den Marx Brothers, mit Bette Davis, Marlene Dietrich und Bob Hope und schließlich (1949) ihr zumindest geschäftlich erfolgreichster: Cecil B. DeMille's Technicolor-Monumentalfilm »Samson und Delilah« mit dem (in seiner Biographie gleichfalls auf österreichische Wurzeln verweisenden) Victor Mature als Partner.

Die schwarzhaarige Schönheit mit dem amazonenhaften Mittelscheitel, der marmornen Blässe und dem Image der enigmatischen Verführerin hat allerdings bei der Auswahl ihrer Sujets nicht immer eine glückliche Hand: Statt der ihr angebotenen Hauptrollen in »Casablanca« und »Gaslight« läßt sich Hedy Lamarr auf mancherlei Projekte minderer Güte ein, und als sie 1957 unter dem Titel »The Female Animal« eine alternde Diva spielt, der die Kritik nicht ohne Ironie bescheinigt, daß sie in dieser Rolle »besonders überzeugend« agiert habe, ist es mit der großen Karriere endgültig vorbei. Hat sie noch vor wenigen Jahren in ihren Briefen an die geliebte »Mumili« in Wien voll Stolz berichtet, daß ihre Villa in Beverly Hills über drei Schlafzimmer, drei Badezimmer und eine Garage für drei Autos verfügt, so wird mit der Zeit das Geld auf ihren Konten knapper und knapper, und nun rächt sich auch, daß sie es verabsäumt hat, ihr *zweites* Talent, nämlich ihren Abstecher in die Welt der Technik, kommerziell zu nutzen.

Sommer 1940. Hedy Lamarr hat gerade mit Clark Gable, Spencer Tracy und Claudette Colbert den Abenteuerfilm »Boom Town« abgedreht, da wird ihr auf einer Dinnerparty der Pianist George Antheil vorgestellt, der nach einer bewegten Vergangenheit als Avantgardekomponist (»Bad Boy of Music« wird später der Titel seiner Autobiographie lauten) nunmehr für Hollywood arbeitet. Der 14 Jahre ältere Allrounder, der als einer der ersten Künstler Maschinengeräusche wie Telefonklingel, Sirene, Schreibmaschine und Flugzeugpropeller in die Musik eingeführt hat, experimentiert auch mit obskuren Therapien auf dem Gebiet der Endokrinologie – ob er mit Hilfe der von ihm propagierten Methode der Drüsensekretion Mrs. Lamarr gar zu künstlichem Busenwachstum verhelfen kann?

Tatsächlich verabredet man sich zu mehreren Treffs in Hedy Lamarrs Haus, doch wird das Thema schon bald gewechselt: Er wie sie glühende Gegner des Nationalsozialismus, stellen die Filmdiva und der Filmkomponist gemeinsame Überlegungen darüber an, wie Hitlers Vormarsch zu stoppen sei. Und während Hedy Lamarr sich ihrer Erfahrungen mit Waffensystemen erinnert, die sie in den Jahren an der Seite des Wiener Rüstungsfabrikanten Fritz Mandl hat sammeln können, steuert Antheil die für sein »Ballett mécanique« entwickelten Ideen zur Synchronisierung automatischer Klaviere bei. Indem man die 88 Tasten des Instruments über Lochkartenstreifen steuert, gewinnt man 88 Frequenzen, zwischen denen man nach Belieben und ohne daß die eine die andere beeinträchtigt, hin- und herspringen kann. Ließe sich dieses *Frequency Hopping* nicht auch auf die störungsfreie, das heißt feindsichere Steuerung von Torpedos anwenden?

Noch im Dezember 1940 reichen Lamarr und Antheil ihre Erfindung beim *National Inventors Council* in Washington zur Prüfung ein, dort wird der Entwurf bearbeitet, und ein halbes Jahr später liegt dem *Secret Communication System* der US-Navy das fertige Patent vor. Da jedoch im Zweiten Weltkrieg die Digitaltechnik noch nicht entwickelt ist, eilt unser Erfinder-Duo der Zeit um ein gutes Stück voraus: Erst während der Kuba-Krise von 1962 kommen die mit *Frequency Hopping* ausgerüsteten Torpedos in größerem Umfang zum Einsatz, gefolgt von den im Vietnamkrieg operierenden Aufklärungsdronen und dem US-Abwehrsatellitensystem *Milstar*.

Auch die *zivile* Nutzung der Erfindung bleibt nicht aus: Kein abhörsicheres »Handy« ohne das mittlerweile zur *Spread-Spectrum-Technik* weiterentwickelte Patent von 1940/41. Und so braucht es Jahrzehnte, bis Hedy Lamarr (Partner George Antheil stirbt 1959) im März 1997 endlich die Früchte ihrer Eingebungen ernten kann: Die *Electronic Frontier Foundation* in San Francisco zeichnet die inzwischen Dreiundachtzigjährige mit dem *Pioneer Award* aus. Weitere Ehrungen folgen, darunter die schon erwähnte Verleihung der *Viktor-Kaplan-Medaille* des *Österreichischen Patentinhaber- und Erfinderverbandes*. Nur – das Patent selber ist seit Jahren ausgelaufen: Hedy Lamarr kann keinerlei finanziellen Vorteil aus ihrer Pioniertat ziehen, muß sich mit öffentlicher Anerkennung begnügen.

Sie weiß es dennoch zu schätzen. Denn mit ihrer Karriere beim Film ist es seit langem vorbei, von Hollywood ist Hedy Lamarr nach Florida übersiedelt, auch ihre fünf Ehen (mit dem Produzenten und Autor Gene Markey, dem Schauspieler John Loder, dem Immobilien-Tycoon Teddy Stauffer, dem Ölmagnaten Howard Lee und einem Anwalt, dessen Namen sie vor lauter Abscheu aus ihrem

Gedächtnis getilgt hat) sind allesamt gescheitert, ihre 1966 erschienene Autobiographie »Ecstasy and Me« zwingt sie, Ghostwriter und Verlag wegen »misrepresentation« zu klagen, und als sie dann gar noch mit einem angeblichen Ladendiebstahl in die Schlagzeilen gerät, ist die »schönste Frau der Welt«, deren makellose Erscheinung einst nicht nur auf der Kinoleinwand, sondern auch auf Zigarettenpackungen, Parfumflacons und Ankleidepuppen prangte, ja durch Andy Warhol sogar zur Pop-Ikone wurde, für die Traumfabrik erledigt. Ihre Tätigkeit reduziert sich mehr und mehr zu Anwalts- und Gerichtsterminen, sie beginnt zu malen und zu schreiben (»How old am I? / I don't know for sure«), und obwohl sie sich um eine gesunde Lebensweise ohne Alkohol und Nikotin bemüht, sich fast nur von Vitaminpillen ernährt, sich tatsächlich ihre Figur erhält, läßt sie keinen Photographen mehr in ihre Nähe.

Als sie am 19. Jänner 2000 von dem einzigen Menschen, der noch zu ihrem Apartement Zutritt hat, dem Distriktspolizisten Charles Buck, tot in ihrem Bett aufgefunden wird, ist Hedy Lamarr 85. Auf dem kleinen Schreibtisch beim Fenster liegt ein abgegriffenes Exemplar der Zeitschrift »Vanity Fair«: Noch acht Monate vor ihrem Ableben hat sich die sonst so Schweigsame zu einem Interview mit dem führenden amerikanischen Showbusineß-Blatt überreden lassen. Eine ihrer Auskünfte wird vor allem den Lesern in Hedwig Eva Maria Kieslers Geburtsheimat gefallen, die sie 63 Jahre nach ihrem Weggang aus Wien, nämlich zu der für den 16. März 2000 geplanten Verleihung des Auslandsösterreicherpreises, hätte wiedersehen sollen. Auf die Frage, mit welcher historischen Figur sie sich am meisten identifiziere, antwortet die Vierundachtzigjährige: Kaiserin Elisabeth von Österreich.

Der Kinderstar vom Alsergrund

Traudl Stark

Dem »Kurier« vom 23. November 1948 ist es eine Schlagzeile auf Seite 1 wert; die »von den amerikanischen Streitkräften für die Wiener Bevölkerung herausgegebene« Tageszeitung meldet über zwei Spalten:

»Die Wienerin Traudl Stark, als ehemaliger Kinderstar aus zahlreichen österreichischen Filmen bekannt, hat gestern in Wien den US-Besatzungssoldaten Jack Elliot aus Alabama geheiratet.«

Der Pressephotograph, der den Trauungsakt im Bild festhält, ist jener legendäre Walter Henisch, dem drei Jahrzehnte später dessen Sohn Peter mit seiner Romanbiographie »Die kleine Figur meines Vaters« ein berührendes

Verschollen in der Fremde: Acht Jahre nach ihrem Ausstieg aus dem Filmgeschäft heiratet Traudl Stark einen Besatzungssoldaten und folgt ihm in die USA

Geboren am 17.	Wien XX.	Gertraud	—	—
März 1930	Brigittaspital	Marianne		
Getauft am 1.		Ehe geschlossen am 22.XI.1948		
April 1930	Wohnort:	beim Standesamt Alsergrund Wien 9,		
	Wien XXI.	unter Familienbuch Nr. 922/48		

Zwei »Eckdaten« aus dem Wiener Pfarr-Register:
Traudl Starks Geburt am 17. März 1930 und ihre Eheschließung 1948

Denkmal setzen wird. Der Schnappschuß zeigt eine glück-
strahlende Achtzehnjährige im schlichten Nachkriegs-
brautkleid und einen etwas hölzern wirkenden G.I. von
Anfang 20, dessen tadellos sitzende Uniform nur noch von
der Feierlichkeit des Priesterhabits übertroffen wird, in
dem der diensthabende katholische Geistliche die Zeremonie vornimmt.
Schauplatz des von einer großen Menschenmenge freudig
verfolgten Geschehens ist die Kapelle des Spitals der Wiener Kaufmannschaft in der Peter-Jordan-Straße im Bezirk
Döbling, das zu dieser Zeit ein Lazarett und eine Reihe
von US-Dienststellen beherbergt. Hier haben Bräutigam
und Braut einander kennengelernt: er als Angehöriger der
amerikanischen Besatzungsmacht, sie als Bürokraft in
deren Sold. Auch ein Kamerateam der »Austria Wochen-
schau« ist zur Stelle, auf der Orgel erklingt der Hochzeitsmarsch aus »Lohengrin«, und als das frisch vermählte Paar,
gefolgt von den Angehörigen, ins Freie tritt, brandet viel-
stimmiger Jubel auf. Es sind vorwiegend Frauen mittleren
Alters, die das Objekt ihrer Zuneigung vom Kino her kennen: Traudl Stark, zwischen 1935 und 1940 Österreichs
Filmkind Nr. 1.
Man hat das reizende Ding mit dem brünetten Locken-
kopf, der leicht pummeligen Figur und der – je nach Rol-

lencharakter – naiven oder altklugen Ausstrahlung gern
»die österreichische Shirley Temple« genannt. Doch im
Unterschied zu ihrem Hollywood-Pendant, das sich nach
seinen 17 Jahren Traumfabrik auch in einer ansehnlichen
Reihe von Erwachsenenberufen – von diversen Charity-
Jobs bis zu Spitzenposten in Regierung und Diplomatie –
bewährt, verschwindet die zwei Jahre jüngere Traudl
Stark mit Beendigung ihrer Filmlaufbahn aus den Schlagzeilen. Ein paar kleine Bühnenauftritte noch, da und dort
ein Bunter Abend, ein Sketch mit dem jungen Heinz Con-
rads im Wiener Konzerthaus – dann ist es endgültig still
um sie.
Die Eltern – Vater Siegfried, von Beruf Sekretär im Bun-
deskanzleramt, führt bei Traudls Filmengagements die
Vertragsverhandlungen, Mutter Margarete begleitet sie zu

*Die »österreichische
Shirley Temple«:
Kinderstar Traudl
Stark (hier in einer
Filmszene mit
Karl Ludwig Diehl)*

den Dreharbeiten – sind klug genug, ihr Töchterl, das als Dreikäsehoch vor der Kamera so blendende Figur gemacht hat, nicht auch in eine Karriere als Teenagerdarstellerin hineinzuzwängen, die vielleicht glücklos verliefe: Traudl Stark hört nach ihrem zehnten Geburtstag auf. Das Melodram »Leidenschaft«, in dem sie (wir befinden uns im Kriegsjahr 1940) an der Seite so populärer Schauspieler wie Olga Tschechowa, Hans Stüwe, Hilde Körber, Lina Carstens, Hubert von Meyerinck und Otto Gebühr den Part der kranken kleinen Angelika innehat, deren gräfliche Mutter unter Mordverdacht gerät, ist ihre letzte Rolle. Filmkind Traudl Stark kehrt ins Privatleben zurück, und das bedeutet für die Zehnjährige: Sie drückt fortan wieder – nicht anders als alle ihre Freundinnen – die Schulbank.

Angefangen hat ihr Ausflug ins Showbusineß, als sie vier ist. Die Eltern der am 17. März 1930 im Wiener Brigittaspital unehelich Geborenen (voller Name: Gertraude Marianne Münzel) haben inzwischen geheiratet und sind aus der Gerambgasse 84 in Kagran in die Heiligenstädterstraße 12 im Bezirk Alsergrund umgezogen. Robert Reich, der vor einigen Jahren mit dem Film »Wiener Zauberklänge« als Regisseur debütiert hat, wird 1934 anläßlich einer Kinoausstellung im Rahmen der Wiener Messe auf das ebenso hübsche wie lebhafte Mäderl aufmerksam, setzt sie in einem von ihm produzierten Reklamestreifen ein, und da sich die kleine Traudl dabei äußerst manierlich anstellt, treffen alsbald auch die ersten Spielfilmangebote ein: Noch 1935 dreht sie mit Liane Haid und Hermann Thimig »Die Fahrt in die Jugend«, gefolgt von »Lockspitzel Asew« mit Olga Tschechowa und Fritz Rasp, »Manja Valewska« mit Maria Andergast, »Seine Tochter ist der Peter« mit Karl Ludwig Diehl, »Liebling der Matrosen« mit Wolf Al-

Kriegsweihnachten im Hause Stark, Heiligenstädter Straße 12
(vorne rechts Traudl mit Mutter, links stehend der Vater)

bach-Retty und »Peter im Schnee« mit Annie Rosar. In
dem Käthe-Dorsch-Film »Mutterliebe« darf die Neun-
jährige als vom Pech verfolgte Halbwaise das Kinopublikum zu Tränen rühren; Paul Hörbiger ist in der Rolle des
gütigen Notars Dr. Koblmüller ihr Retter, als die kleine
Franzi von einem bösen Hund angefallen wird.
Er, der 36 Jahre Ältere, ist es auch, der sich der kleinen
Kollegin als Dialogregisseur annimmt, und mit dem 1938
gedrehten Streifen »Prinzessin Sissy« (in dem Hörbiger
den Vater der künftigen Kaiserin von Österreich mimt) gelingt den beiden sogar so etwas wie ein Vorläufer der zwei
Jahrzehnte später so erfolgreichen Romy-Schneider-Serie.
Ja, es ist ein rechtes G'riß um den herzigen Kinoliebling
vom Alsergrund: Als die Berliner Produktionsfirma Siegel-
Monopol sie mit unlauteren Mitteln der Wiener Mondial-

Film auszuspannen versucht, müssen sogar die Gerichte einschreiten. Nur an eine internationale Karriere des Wiener Filmkindes Traudl Stark, die vielleicht so manchem aus ihrer Umgebung vorschweben mag, ist nicht zu denken: In Europa tobt der Krieg, die Grenzen sind geschlossen. Und als nach 1945 auch in der Unterhaltungsindustrie allmählich wieder Normalität einkehrt, ist aus dem Naseweis ein frühreifer Backfisch geworden, der sich statt für Filmrollen für junge Männer zu interessieren beginnt. Sepp, der einzige Sohn des Ottakringer Textilkaufmanns Lederhosen-Ziegler, ist Traudls erste Liebe. Richtig ernst aber wird's erst nach ihrem 18. Geburtstag: An der Seite des US-Soldaten Jack Elliot wandert sie nach Amerika aus, aus der Ehe mit dem vier Jahre älteren Südstaaten-Farmer werden mehrere Kinder hervorgehen. Über ihr weiteres Leben in der Neuen Welt aber dringt so gut wie nichts in die alte Heimat. Auch an ihrem 70. Geburtstag am 17. März 2000 haben sich die Fans von einst also damit abfinden müssen: Traudl Stark ist verschollen.

Goethe nannte sie Suleika

Marianne von Willemer

Den Schöngeist freut's und den Lokalpatrioten noch mehr: Goethes »Suleika« stammt nicht aus Isfahan und nicht aus Schiras, sondern – aus Linz. Oder sagen wir's vorsichtiger: Sie ist Österreicherin. Der Text der Gedenktafel am ehemaligen Musikantenstöckl auf dem Linzer Pfarrplatz hält genaueren Nachforschungen nicht stand: Einen Instrumentenmacher dieses Namens, der der Vater der am 20. November 1784 geborenen Marianne Jung gewesen sein soll, hat's nie gegeben.

Halten wir uns also an die Mutter. Elisabeth Pirngruber, Tochter des Verwalters der Gräflich-Hohenfeld'schen Güter auf Schloß Almegg bei Wels, ist das schwarze Schaf der Familie – und das gleich zweifach: Als Komödiantin gehört sie dem »fahrenden Volk« an, und der Kerl, der sie schwängert (es ist vermutlich der aus dem niederländischen Maastricht stammende und seit vielen Jahren in Linz tätige Tanzmeister Johann van Gangelt), läßt die Zweiundzwanzigjährige schnöde sitzen. Das kleine Urfahr, wo der Balg zur Welt kommt und getauft wird, ist kein Ort zum Untertauchen: Die ledige Mutter gibt ihr Neugeborenes bei ihrer in Wien lebenden Cousine Klementine in Pflege. Die streift dafür die paar Notgroschen ein, die sich Elisabeth Pirngruber mit Heimarbeit als Kunststickerin verdient, wenn sie nicht gerade auf einer Vorstadtbühne vor Gemüsehändlerinnen und Markthelfern ihre Schau abzieht oder gar am Theater von Preßburg, Ödenburg,

Baden oder Wiener Neustadt im Engagement ist. Um die Erziehung des ebenso hübschen wie aufgeweckten Kindes (das der aus Mannheim stammende Schauspieler Joseph Georg Jung, vier Jahre nach Mariannes Geburt mit deren Mutter in den Ehestand tretend, als das seine anerkennt) kümmert sich ein geistlicher Herr: Schon mit zehn lernt sie Italienisch, kann Gedichte von Klopstock aufsagen und ergötzt sich an einer Schilderung des römischen Karnevals: Es ist ihr Lieblingsbuch, sie besitzt ein Exemplar der Erstausgabe. Sein Autor: Johann Wolfgang von Goethe.

Als Elisabeth Pirngruber wieder einmal bei den Theatern ringsum anklopft, um eine kleine Rolle zu ergattern, nimmt sie ihre inzwischen zwölfjährige Tochter mit, und da passiert's: Einer der Herren Agenten zeigt sich vom Liebreiz der Kleinen angetan und rät, sie zur Tänzerin ausbilden zu lassen: Kinderballette zählen zu den Moden der Zeit. Der Stuttgarter Ballettmeister Traub wird auf das junge Talent aufmerksam und nimmt, als er im November 1798 einem Ruf ans Frankfurter Komödienhaus folgt, Mutter und Tochter in die Freie Reichsstadt mit.

Welch ein Aufstieg! Frankfurt ist nicht nur der Ort, an dem die deutschen Kaiser gekrönt werden, sondern verfügt auch über ein halbwegs ordentliches Theater. Die »Frau Rat«, Goethes Mutter, zählt zum festen Besucherstamm, hat die Loge Nr. 9 gemietet.

Das Leben in der Fremde könnte für die beiden Neuankömmlinge aus Österreich nicht unterschiedlicher verlaufen. Während Elisabeth Pirngruber sich mit niederen Diensten als Garderobiere und Kostümschneiderin begnügen muß, spielt sich die vierzehnjährige »Demoiselle Jung«, obwohl an vorletzter Stelle des dreißigköpfigen Ensembles gereiht, in die Herzen der Frankfurter Theaterhabitués, und einer von ihnen, der Bankier Johann Jakob

*»Macht uns nicht
die Liebe reich?«:
Goethes »Suleika«
Marianne Willemer
in jungen Jahren*

Willemer, der dem Verwaltungsrat des Komödienhauses
vorsteht, nimmt nach zwei Jahren die mittlerweile Sech-
zehnjährige an Kindesstatt an. Willemer, 25 Jahre älter als
sein Pflegling, ist gerade zum zweiten Mal Witwer geworden: Im kinderreichen Haus des Frankfurter Senators,
preußischen Geheimrats und Goethe-Freundes ist auch
für »die Kleine« mit dem reizenden Wiener Dialekt Platz.
Willemer schickt die Mutter mit einer Abfindung von 2000
Gulden sowie unter Zusicherung einer lebenslangen
Rente nach Österreich zurück, läßt den Hauslehrer seiner
eigenen vier Sprößlinge auch Marianne in Gitarrespiel und
Gesang ausbilden, nimmt sie eines Tages vom Theater und
läßt sie schließlich zu seiner Geliebten, ja zum Mittelpunkt
seines Hausstandes werden, der sich über nicht weniger
als drei Besitztümer erstreckt: das Haus »Zum roten

Männchen« in der Innenstadt, den Landsitz Gerbermühle
am südlichen Main-Ufer bei Oberrad und den Weinberg-
pavillon auf dem Mühlberg in Sachsenhausen. Daß Marianne mangels amtlicher Dokumente – zwecks Verschleie-
rung ihrer unehelichen Abkunft kann weder ein Geburts-
noch ein Taufschein vorgelegt werden – auf das ange-
strebte Frankfurter Bürgerrecht verzichten muß, nimmt
man in Kauf: Die Trauung erfolgt in aller Stille.
Sommer 1814. Hoher Besuch steht ins Haus: Goethe, soeben 65 geworden, kommt von einem Kuraufenthalt im
nahen Wiesbaden angereist und nimmt bei den Willemers
in Frankfurt Quartier – die beiden Familien sind miteinander befreundet. Der Meister aus Weimar steht momentan ganz unter dem Eindruck einer altpersischen Vers-
dichtung, die soeben von dem Wiener Orientalisten
Joseph Hammer-Purgstall ins Deutsche übertragen worden ist: der »Divan« des um 1327 in Schiras geborenen
Minnesängers Hafis. Goethe trägt sich mit dem Gedanken
einer Nachdichtung der ihn faszinierenden Wechselge-
sänge zwischen Hatem und Suleika. Da trifft ihn die Begegnung mit der 35 Jahre jüngeren Marianne Willemer
wie ein Blitz: Die ebenso anmutige wie hochgebildete Gefährtin seines Frankfurter Gastgebers – sie soll seine »Suleika« sein!

Meine Ruh, mein reiches Leben
geb ich freudig, nimm es hin.
Scherze nicht! Nichts von Verarmen!
Macht uns nicht die Liebe reich?
Halt ich dich in meinen Armen,
jedem Glück ist meines gleich.

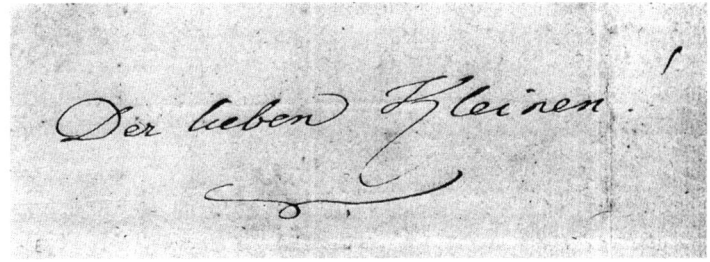

*Dank von Goethe: Ein österreichisches Findelkind inspiriert
Deutschlands Dichterfürsten*

Der tolerante Willemer läßt dem Getändel der beiden
Gleichgestimmten, das in seinen poetischen Höhenflügen
keinen Augenblick zur frivolen »ménage à trois« abgleitet,
freien Lauf, die Besuche wiederholen sich, ein intensiver
Briefwechsel kommt in Gang, Marianne Willemer selber
steuert einen Teil der Suleika-Gedichte bei, im August
1819 verläßt der »West-östliche Divan« die Druckerpres-
se, die Co-Autorin kann ihr Entzücken kaum in Worte fassen: »Schien mir alles wie ein beseligender Traum.«
Die Öffentlichkeit wird von dem delikaten Rollenspiel der
beiden Liebenden erst viele Jahre später erfahren. Herman Grimm, der älteste Sohn des Märchensammlers Wilhelm Grimm, dem sich Marianne Willemer 1849 als »Suleika« zu erkennen gegeben hat, wird neun Jahre nach
deren Tod (das »Großmütterchen«, wie sie von den Ihren
liebevoll genannt wird, stirbt sechsundsiebzigjährig in
ihrer Wahlheimat Frankfurt und wird auf dem dortigen
Hauptfriedhof unter einem Grabkreuz mit der Aufschrift
»Die Liebe höret nimmer auf« bestattet) in den »Preußischen Jahrbüchern« enthüllen, welch überragenden Beitrag die deutsche Literatur einem österreichischen Findelkind zu verdanken hat.

Ein Amerikaner aus Znaim

Charles Sealsfield

Der österreichische Schriftsteller ist wohl das meistgequälte Geschöpf auf Erden. Er darf nicht freisinnig, nicht philosophisch, nicht humoristisch, kurz, er darf gar nichts sein. Wenn er es wagte, eine von den Ansichten der Regierung abweichende Richtung einzuschlagen, würden nicht nur seine Schriften unbarmherzig verstümmelt, sondern auch er selbst würde als gefährlich angesehen und von allen treuen Untertanen gemieden.«

Sätze wie diese stehen in einem Buch, das unter dem Titel »Austria as it is« 1828 in London erscheint. 91 Jahre werden verstreichen müssen, bis es auch in Österreich auf den Markt kommt: Erst nach dem Zusammenbruch der Habsburger-Monarchie traut sich der Verlag Gebrüder Schroll in Wien, die hochexplosive Schmähschrift in deutscher Übersetzung herauszubringen.

Der Name des Verfassers: Charles Sealsfield.

Wer ist dieser geheimnisvolle Amerikaner, der sich so vortrefflich in Österreich auskennt?

Erst nach seinem Tod wird die wahre Identität dieses literarischen Tausendsassas ans Licht kommen: Der »US-Bürger« Charles Sealsfield ist als Carl Postl auf die Welt gekommen, sein Elternhaus steht in Poppitz, einem Weinbauerndorf acht Kilometer westlich von Znaim.

Der Vater ist ein ehrbarer Hauer, versorgt die Pfarren des Dekanats mit Meßwein, zugleich übt er das Amt des Dorfrichters aus. Sein (am 3. März 1793) Erstgeborener soll

*Gibt das Priesteramt
auf und schlägt
sich als freisinniger
Schriftsteller durchs
Leben: Carl Postl alias
Charles Sealsfield*

zum Priester ausgebildet werden. Carl absolviert das Je-
suiten-Gymnasium in Znaim, tritt noch während des Theo-
logiestudiums an der Carl-Ferdinand-Universität zu Prag
in den Kreuzherrenorden ein und steigt dort bis zum Se-
kretariatsadjunkt auf. Für einen Siebenundzwanzigjährigen eine erstaunliche Karriere! Und dennoch: Die Enge
des klösterlichen Lebens wird ihm auf die Dauer zur Qual.
Da lernt der Jungpriester Carl Postl einen hohen Prager
Regierungsbeamten kennen, der, Mitglied der Freimau-
rerloge »Wahrheit und Einigkeit zu den drei gekrönten
Säulen«, dem geborenen Freigeist verspricht, für dessen
weiteres Fortkommen zu sorgen, falls er sich dazu bereit-
erklärt, die Annullierung seiner Profeß zu betreiben und
der Kirche den Rücken zu kehren.
Postl bricht tatsächlich alle geistlichen Brücken hinter sich
ab, doch die von den Wiener Logenbrüdern flugs in die

Wege geleitete Vermittlung eines weltlichen Postens scheitert, und so bleibt dem Abtrünnigen, auf den inzwischen auch der Metternichsche Geheimdienst aufmerksam geworden ist, nur mehr die Flucht: Ausgestattet mit einem Reisestipendium seiner Gönner sowie Empfehlungsschreiben des Stuttgarter Logenbruders Johann Friedrich von Cotta, des dank seines Nahverhältnisses zu Goethe und Schiller bedeutendsten Verlegers seiner Zeit, setzt Postl zum Sprung in die Neue Welt an und versucht sein Glück in Amerika.

Im Herbst 1823 trifft er in New Orleans ein, dann reist er weiter nach Pennsylvania (wo zu dieser Zeit viele noch deutschsprachige Siedler leben), nach Ohio, Kentucky, Indiana, Illinois und Missouri, er sieht sich in Städten wie Philadelphia, Washington und New York um – und er schreibt, tiefbeeindruckt von den demokratischen Errungenschaften seines Gastlandes, das auf dem Weg ist, die

Sein letztes Domizil: Charles Sealsfields Landhaus an der Peripherie der Schweizer Kantonshauptstadt Solothurn

unterschiedlichsten Rassen, Völker, Sprachen und Glaubensgemeinschaften zu einem gemeinsamen Ganzen zu verschmelzen, sein erstes Buch. »Die Vereinigten Staaten von Nordamerika – nach ihren politischen, religiösen und gesellschaftlichen Verhältnissen betrachtet« wird ein Hymnus auf die vor ihrem 50-Jahr-Jubiläum stehenden USA. Unter dem Pseudonym Charles Sidons erscheint es bei Freund Cotta in Deutschland, und obwohl die mehrheitlich konservative Kritik an dem Debütanten kein gutes Haar läßt, steht für den Einunddreißigjährigen fest: Er wird sich fortan als Schriftsteller durchs Leben schlagen – und zwar unter einem abermals angenommenen Namen: Charles Sealsfield. Eisenbahnaktien, die er um ein Spottgeld erwerben kann, sichern ihm auf Jahre hinaus den täglichen Unterhalt.

Nur einer Abenteurernatur wie der seinen kann es einfallen, trotz des vielversprechenden Starts in der Fremde nach Europa zurückzukehren und in einem atemberaubenden Doppelspiel dem Erzfeind Metternich seine Dienste als Spion anzubieten. Die begehrte Audienz kommt freilich nicht zustande: Die unüberhörbar deutsche Sprachfärbung des angeblichen Yankees entlarvt diesen als »übles Subjekt«, und Charles Sealsfield alias Carl Postl wendet sich erzürnt nach London, wo er sich mit dem schon erwähnten Pamphlet »Austria as it is« an dem ihn verschmähenden Heimatland rächt.

Bei einem weiteren Amerika-Aufenthalt beherrscht unser Emigrant die Landessprache bereits so gut, daß er sein nächstes Projekt, den Roman »Tokeah or the White Rose«, auf Englisch herausbringen kann; in Louisiana läßt er sich vorübergehend als Farmer, in New York als Redakteur und in London gar als Agent des Napoleon-Bruders Joseph Bonaparte nieder.

Einem so kritischen und ruhelosen Geist wie dem seinen kann freilich nicht verborgen bleiben, daß das von ihm anfänglich so bewunderte Amerika der Siedlerpioniere im Begriff ist, sich mehr und mehr in einen plutokratisch-kapitalistischen Industriestaat zu verwandeln, und so kehrt der Neununddreißigjährige im Sommer 1832 nach Europa zurück. Teils im süddeutschen Raum, teils in der Schweiz umherziehend, läßt sich der »große Unbekannte«, der auch jetzt jeglicher Fühlungnahme mit seinen Eltern und Geschwistern entsagt, 1857 in einem Landhaus nahe der Kantonshauptstadt Solothurn nieder, um sein Lebenswerk zu vollenden, und schreibt, aus seinen reichen Amerika-Erfahrungen schöpfend, einen Roman nach dem anderen, wobei vor allem »Das Kajütenbuch« ein so durchschlagender Erfolg wird, daß dessen Autor von manchen Kritikern – der virtuosen Landschaftsschilderungen wegen – auf eine Stufe gestellt wird mit Herman Melville, Joseph Conrad und Adalbert Stifter. Noch zu Sealsfields Lebzeiten erscheint im Stuttgarter Verlag Metzler eine fünfzehnbändige Gesamtausgabe seiner Werke.

Erst, als mit der bürgerlichen Revolution von 1848 in Europa das allgemeine Interesse an Amerika zu erlahmen beginnt, ziehen sich die Verleger von ihrem einstigen Bestsellerautor zurück, und auch an ihm selber, dem vormals militant monarchie- und kirchenfeindlichen Freigeist, vollzieht sich ein radikaler Wandel: Charles Sealsfield wird auf seine alten Tage ein auch von den freimaurerischen Freunden enttäuschter Konservativer, und als ihn zuerst ein schweres Augen- und schließlich ein Krebsleiden aufs Krankenlager wirft, bittet er den reformierten Pfarrer von Solothurn um das Abendmahl. Unter dem Geläut der Klosterglocken, die ihm noch bis vor kurzem so verhaßt gewesen sind, wird er drei Monate nach seinem 71. Geburtstag zur letzten Ruhe bestattet.

Nun endlich ist es auch mit dem Rätselraten, wer denn dieser sonderbare Schweizer Neubürger eigentlich gewesen ist, vorbei: In seinem Letzten Willen ist eine allseits unbekannte Familie Postl als Erbe eingesetzt. Als sich die Testamentsvollstrecker daranmachen, die verschüttete Spur freizulegen, landen sie mit ihren Nachforschungen in einem unscheinbaren südmährischen Weinbauerndorf. Das kleine Poppitz hat seine Sensation. Und nicht nur das kleine Poppitz, sondern die gesamte literarische Welt.

Gedenktafel an Carl Postls Geburtshaus in Poppitz (Mähren)

Bücher, die wie Bücher aussehen

Jakob Hegner

Das kann wohl nur einem so kritischen Auge wie dem des Frankfurter Gelehrten Theodor W. Adorno auffallen, »daß die Bücher nicht mehr aussehen wie Bücher«. Genauer gesagt: daß der Bucheinband aufgehört hat, in erster Linie Klammer des betreffenden Textes zu sein.

Es ist das Jahr 1959. Der sechsundfünfzigjährige Adorno, vom Besuch der Buchmesse heimkehrend, bilanziert, von einer »sonderbaren Beklemmung« ergriffen, seine Eindrücke: »Bucheinbände sind zur Reklame für das Buch geworden.«

»Selbstverständlich«, so schließt er seine Betrachtung, »gibt es noch Ausnahmen.« Auch fehle es nicht an »strengen« Verlagen, denen diese Entwicklung selber unbehaglich sei und die daher »das gleiche Buch in doppelter Ausstattung herausbringen: einer stolz unscheinbaren und einer, die mit Männchen und Bildchen den Leser anspringt«.

Adorno nennt keine Namen. Täte er es, so stünde unter den von ihm gepriesenen Ausnahmen *einer* in der ersten Reihe: Jakob Hegner. Die Werke des Kölner Hegner-Verlages folgen unbeirrt dem klassischen Prinzip des mätzchenlosen, einzig auf die vollkommene Ästhetik von Schrift und Schriftbild setzenden Buchdeckels – schon 1929 kommen, als es darum geht, die »50 schönsten Bücher des Jahres« zu prämiieren, deren vier aus seiner Offizin.

Wer ist dieser ungekrönte »König der Buchmacher«, wo sein strahlendes, zugegebenermaßen kleines Reich?

Am 25. Februar 1882 kommt er in Wien zur Welt, die Familie stammt aus Mährisch-Ostrau: Großbürgertum, das mit Wäschefabrikation ein beachtliches Vermögen angehäuft hat. Nichts reizt den Sohn weniger als die Weiterführung des väterlichen Unternehmens: Schon die Gymnasiastendispute, die er mit dem ein Jahr älteren Klassenkameraden Stefan Zweig austrägt, deuten in die Richtung seiner späteren Berufswahl. Zwar versanden die eigenen Schreibversuche, dafür ist Jakob Hegner ein um so ambitionierterer *Leser*: Als er wieder einmal über einem spannenden Buch alles um sich herum vergißt, stürzt er in einen Bach und muß aus dem Wasser gefischt werden.

Mit Stefan Zweig in einer Schulklasse: Jakob Hegner (hier als Seniorchef des nach ihm benannten Kölner Verlages)

Für einen so besessenen Bibliomanen gibt's nach der Matura nur *ein* Ziel: die Buchstadt Leipzig. Schon als Volontär des Seemann-Verlages, für den er Zeitschriften redigiert, und erst recht als Prinzipal der 1904 in Berlin gegründeten eigenen Edition kann er einer Reihe neuer Literatennamen Geltung verschaffen: Bernhard Kellermann und Max Brod. Als der wirtschaftliche Erfolg des mehr an geistigen Höhenflügen als an aggressivem Marketing interessierten Jungunternehmers ausbleibt, läßt sich Jakob Hegner in Wien das elterliche Erbe auszahlen und geht für einige Jahre nach Florenz, um sich dem Studium der Buchkunst zu widmen, die in der italienischen Renaissance ihre höchste Vollendung erreicht hat. Nebenbei vervollkommnet er sich mit Hilfe von Toussaint-Langenscheidts Unterrichtsbriefen im Französischen. Denn in der Zwischenzeit ist er auf zwei Autoren aufmerksam geworden, die er unbedingt in der Originalsprache lesen will und bald auch ins Deutsche übersetzen wird: Francis Jammes und Paul Claudel.

Gleichgesinnte Freunde lotsen ihn, als er sich 1912 von Italien verabschiedet, in eine Künstlersiedlung, die gerade im Begriff ist, von sich reden zu machen. Es ist die an der Peripherie Dresdens gelegene Gartenstadt Hellerau, in der sich ein buntes Völkchen reformfreudiger Intellektueller zusammengetan hat, seine Utopie von einer besseren Welt zu verwirklichen und der großstädtischen Vermassung mit »lebendigem Wertempfinden« und Esprit gegenzusteuern. Hegners »Hellerauer Verlag«, mit der Herausgabe von Claudels »Verkündigung« startend (und mit Reinhold Schneiders Erstling »Die Leiden des Camoes oder Untergang und Vollendung der portugiesischen Macht« nach achtzehnjährigem Wirken endend), wird binnen kurzem zum Synonym für anspruchsvolle Literatur in

BERTHOLD VIERTEL

DAS
GNADENBROT

Ein kleiner Roman

In Indanthrenleinen 5.– Mark

Ein Schauspielerleben, Kampf zwischen
Eitelkeit und Demut geistig streng zu Ende gebracht. Viertel, der Theatermann,
auch als Dichter stark und eigentümlich.
Alfred Polgar urteilt: „Eine Geschichte
vom Theater, bezaubernd leicht erzählt,
Blickschärfe der nächsten Nähe mit Hu-
mor der Distanz verbindend: jeder Fe-
derstrich rührt an Sinn und Irrsinn ge-
schauter, durchschauter Welt. In der
klaren Luft dieser Prosa gewinnt von ihr
Umfaßtes an Transparenz, was es an Ge-
wicht verliert, Tiefe kommt an die Ober-
fläche, und Fernes rückt nahe."

VERLAG JAKOB HEGNER IN HELLERAU

*Berühmt für ihre vollendete Ästhetik:
die Bücher des Hellerauer Hegner-Verlages*

nobelster Ausstattung, bei der alles – vom Satz bis zum
Druck, von der Seitengestaltung bis zum Einband – von
Hand erfolgt.
Nach kriegsbedingter Unterbrechung – der Österreicher
Jakob Hegner wird ans Wiener Kriegspressequartier
dienstverpflichtet, wo er Albert Paris Gütersloh und Franz
Blei, Musil und Rilke begegnet – kehrt er 1918 nach
Deutschland zurück, heiratet im Jahr darauf die Dresdner
Pastorentochter Elisabeth Droese, eine Urenkelin des
spätromantischen Landschaftsmalers Ludwig Richter,
spezialisiert sich in seinem Verlagsprogramm nunmehr auf
Philosophie und Theologie und druckt Martin Buber und

Sören Kierkegaard, aber auch Georges Bernanos, Berthold Viertel, Theodor Däubler und Friedrich Schnack. 1930 geht dem inzwischen Achtundvierzigjährigen, dessen Buchführung aus nichts weiter als einer taschenkalendergroßen Kladde besteht, die Luft aus; er muß froh sein, in einem der etablierten Leipziger Verlagshäuser Unterschlupf zu finden.

Aber es kommt noch schlimmer: Als »Nichtarier katholischer Konfession« (Eigendefinition) ist für ihn in Deutschland ab 1935 kein Platz mehr: Hegner emigriert nach Holland, arbeitet dort für den Amsterdamer Exilverlag Querido und kann sich erst nach dem Krieg, nunmehr in der Schweiz ansässig, aufs neue selbständig machen, ehe er sich ab 1949 mit der Gründung des Kölner Jakob Hegner Verlages einen Spitzenplatz im katholischen Buchwesen erobert. Erst für seinen Lebensabend kehrt er ins geliebte Tessin zurück, genießt den Blumengarten vorm Haus, legt auf dem Plattenspieler Beethovens Klavierkonzerte auf. Noch mit 80 nimmt er die Strapazen der Frankfurter Buchmesse auf sich. Dann allerdings sind die Kräfte des notorischen Rauchers und passionierten Weintrinkers aufgebraucht: Der gebürtige Wiener Jakob Hegner stirbt am 24. September 1962 in Lugano und hinterläßt ein Lebenswerk, dem in der deutschen Verlagsgeschichte des 20. Jahrhunderts eines der ruhmvollsten Kapitel zukommt.

Zwei Textilhändlerstöchter

Annemarie Selinko

Ich glaube, eine Frau kann viel leichter bei einem Mann etwas durchsetzen, wenn sie einen runden Busen hat.« Welche passionierte Romanleserin der fünfziger Jahre erinnerte sich nicht an diesen Satz? Es sind die Anfangszeilen eines 626-Seiten-Schmökers, der ab Herbst 1951 weltweit Furore macht: »Désirée«. Allein die deutsche Ausgabe des in 24 Sprachen übersetzten Buches erreicht eine Verkaufsauflage von viereinhalb Millionen Exemplaren, und auch der nach der Romanvorlage gedrehte Film spielt saftige Gewinne ein. Jean Simmons und Marlon Brando stehen für die Geschichte von der Marseiller Seidenhändlerstochter Bernadine Eugénie Désirée Clary, die nach der geplatzten Verlobung mit Napoleon den französischen Marschall Jean Baptiste Bernadotte heiratet und später Königin von Schweden wird, vor der Kamera.

Autorin des Buches, das in Gestalt fiktiver Tagebuchaufzeichnungen dieses bewegende Aschenbrödel-Schicksal des frühen 19. Jahrhunderts nacherzählt, ist eine gewisse Annemarie Selinko. Und diese Annemarie Selinko – wer weiß das heute noch? – ist Wienerin.

Unterhaltungsromane haben es hierzulande schwer: Je größer der Erfolg, desto vernichtender die Kritik. »Désirée« wird von den Granden des deutschsprachigen Feuilletons entweder ignoriert oder aber zerzaust: Rührseligkeit wirft man der Verfasserin vor, sträfliche Abweichung von der historischen Wahrheit, kolportagehafte Darstel-

lung, ja Kitsch. »Ich werde nie begreifen, wie das alles gekommen ist«, läßt Annemarie Selinko ihre Aufzeichnungen ausklingen – sie sind an Monsieur François Clary, den
Vater der Protagonistin, adressiert. Und schließen mit den
Worten: »Die Geschichte dieser Bürgerin ist jetzt zu Ende,
und die der Königin beginnt. Ich verspreche Dir, Papa,
alles daran zu setzen, Dir keine Schande zu machen und
nie zu vergessen, daß Du ein Leben lang ein sehr angese-
hener Seidenhändler gewesen bist.«
Ob es ein Zufall ist, daß auch ihr eigener, auch Annemarie
Selinkos Vater in der Textilbranche tätig ist? Er allerdings
nicht in Marseille, sondern in Wien.
Felix, geboren 1881, ist einer der drei Gesellschafter der
Modeartikelfirma Brüder Selinko, die ihren Sitz in der Inneren Stadt hat: Gonzagagasse 1. Als am 1. September
1914 Tochter Annemarie zur Welt kommt, wohnt die Familie – Mutter Grete ist eine geborene Wolf – im IV. Bezirk in der Lothringerstraße. Man ist, wie die Meldezettel
des Polizeikommissariats Wieden ausweisen, »mosaischen« Glaubens – erst in späteren Jahren werden die Selinkos zur evangelischen Religion übertreten.
Annemarie besucht in Wien Grundschule und Gymnasium, an der Universität studiert sie ein paar Semester Sprachen und Geschichte, dann steigt sie in den Journalismus
ein, schreibt über Kriminalfälle, verdient sich ihre ersten
Sporen als Lokalreporterin. Aber die talentierte Tochter
aus gutem Hause will höher hinaus: Gerade erst 23 geworden, bringt sie ihren ersten Roman heraus – und gleich mit
durchschlagendem Erfolg: Die Kritiker, die über die über-
mütige Fabel von der mausgrauen Kassierin eines Wiener
Strickwarengeschäftes zu urteilen haben, die sich unter
den Händen eines weltläufigen Schauspielers zur Grande
Dame mausert (Titel: »Ich war ein häßliches Mädchen«),

stellen die begabte Debütantin auf eine Stufe mit der
26 Jahre älteren Vicky Baum. Das Buch wird in zwölf Sprachen übersetzt und verfilmt; die angesehene Pariser Zeitschrift »L'Intransigeant« (»Der Unbeugsame«) nimmt die
literarische Senkrechtstarterin als Österreich-Korrespon-
dentin unter Vertrag.

Die Weichen für ihr weiteres Leben, vor allem für ihr Privatleben werden 1937 in Genf gestellt: Annemarie Selinko
hält sich zu einer Reihe von Politikerinterviews am Haupt-
sitz des Völkerbundes auf und lernt dort bei einer interna-
tionalen Studentenkonferenz einen etwa gleichaltrigen
Dänen kennen, der sich auf die Diplomatenlaufbahn vorbereitet. Ein Jahr später sind dieser Erling Kristiansen und
Annemarie Selinko Mann und Frau: Am 12. Mai 1938,
zwei Monate nach dem Einmarsch der Hitler-Truppen in

Durch Heirat Dänin:
die Wiener Textil-
händlerstochter
Annemarie Selinko

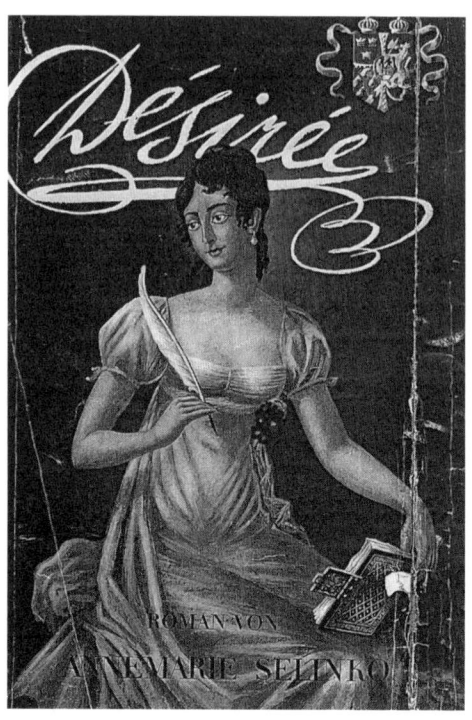

Das Buch, das sie berühmt gemacht hat: der in 24 Sprachen übersetzte und mit dem Gespann Jean Simmons/Marlon Brando verfilmte Roman »Désirée«

Österreich, hat sich die Dreiundzwanzigjährige in Wien (letzte Adresse: I., Stubenring 14) abgemeldet und ist nach Kopenhagen übersiedelt. Durch ihre Heirat dänische Staatsbürgerin geworden, setzt sie die so vielversprechend begonnene Karriere nunmehr in der Heimat ihres Gatten fort: 1939 erscheint ihr zweiter Wien-Roman »Morgen wird alles besser«, im Jahr darauf »Heute heiratet mein Mann«.

Daß bis zu ihrem nächsten Buch nicht weniger als elf Jahre verstreichen werden, ist eine Folge der politischen Verhältnisse: Die Deutschen besetzen Dänemark, Annemarie Selinko-Kristiansen schließt sich der im Untergrund agierenden Widerstandsbewegung an, wird 1943 für kurze Zeit von der Gestapo in Gewahrsam genommen, kann mit ihrem Mann in einem offenen Fischerboot nach Schweden flüchten. In Stockholm findet sie bei einer Nachrichtenagentur Unterschlupf, in Malmö kann sie sich gegen Kriegsende als Dolmetscherin beim Hilfswerk des Roten Kreuzes nützlich machen.

Schon den Zwangsaufenthalt in Schweden weiß Annemarie Selinko zu intensiven Archivstudien für das »Désirée«-Thema zu nutzen, und als sie ihren Mann zu mehrmonatigen diplomatischen Missionen nach London und Paris begleitet, häuft sie auch dort einschlägiges biographisches und zeitgeschichtliches Material an. Bloß mit dem Schreiben kommt sie, deren vielfach bewährtes Talent nun schon so lange brachliegt, nur schleppend voran: 1948 bringt die inzwischen Vierunddreißigjährige Sohn Michael zur Welt. Erst 1951 ist es endlich soweit: Der Verlag Kiepenheuer & Witsch in Köln landet mit Annemarie Selinkos »Désirée« einen Bestsellererfolg, der so gewaltig ausfällt, daß die Autorin es sich leisten kann, fortan zu verstummen.

Seien es private Gründe, sei es, daß sie ihr Lebenswerk für vollendet ansieht: Nichts weiteres aus ihrer Feder folgt nach.

Knapp 72, stirbt Annemarie Selinko-Kristiansen am 28. Juli 1986 in ihrer Wahlheimat Dänemark und wird – nahe ihrem letzten Wohnsitz – auf dem Friedhof der Kopenhagener Vorortgemeinde Hellerup beigesetzt. Die Erinnerung an das Wien ihrer Jugendjahre ist bis zuletzt durch die schlimmen Schicksalsschläge getrübt geblieben, die ihr und den ihren durch das Hitler-Regime zugefügt worden sind. »Dem Andenken meiner Schwester Liselotte in tiefem Leid gewidmet« – so steht's auf der ersten Seite von »Désirée«. Liselotte Selinko wurde von den Nazis umgebracht.

Desertion ins große Glück

Karl Bitter

1912 ist für Gerhart Hauptmann ein besonderes Jahr: Dem »Zunftmeister« der deutschen Literatur, wie ihn Kollege Carl Zuckmayer ehrerbietig apostrophiert, wird der Nobelpreis zuerkannt. Sein Berliner Stammverlag ehrt den Fünfzigjährigen auf seine Weise: S. Fischer bringt den Roman »Atlantis« heraus. Es ist weder Hauptmanns jüngstes noch gar sein bestes Werk: Die Ereignisse, die der Romanhandlung zugrunde liegen, reichen 18 Jahre zurück.

Der Dichter, der sich vor allem mit den Dramen »Vor Sonnenaufgang«, »Die Weber«, »Der Biberpelz«, »Hanneles Himmelfahrt«, »Fuhrmann Henschel«, »Rose Bernd« und »Die Ratten« seinen Ruhm erschrieben hat, möchte wieder einmal autobiographischen Dampf ablassen und die Erfahrungen seiner 1894 unternommenen ersten Amerikareise auswerten. Er läßt seinen Protagonisten, den Jungarzt Friedrich von Kammacher, aus Enttäuschung über die Ablehnung seiner jüngsten wissenschaftlichen Arbeit sowohl Praxis wie Familie aufgeben und sich nach New York einschiffen. Daß der Einunddreißigjährige *dieses* Ziel wählt, hat mit einer jungen Tänzerin zu tun, die auf derselben Route unterwegs und der der 15 Jahre Ältere rettungslos hörig ist: Hauptmann verarbeitet hier sein eigenes Lolita-Erlebnis mit der späteren Burgschauspielerin Ida Orloff, die auch für etliche seiner Bühnenfiguren – vor allem die der Märchenprinzessin Pippa – Modell stehen wird.

Der Ozeandampfer kollidiert mit einem Schiffswrack und sinkt, Friedrich und Ingigerd werden von einem Frachter aufgegriffen und gerettet. Mit viel Glück also doch noch ans Ziel ihrer Reise gelangt, geraten die beiden in New York in die Kreise eines bunten Künstlervölkchens, aus dem besonders ein ebenso smarter wie erfolgreicher Bildhauer herausragt, der vor wenigen Jahren aus seiner Geburtsheimat Österreich zugewandert ist: Bonifazius Ritter. Sagenhaftes hört man über die Blitzkarriere des Achtundzwanzigjährigen, der sich die Gunst der Astor, Gould und Vanderbilt erworben habe, sich vor Großaufträgen kaum retten könne, in seinem Atelier beim Central Park ein ganzes Rudel eigener Hilfskräfte beschäftige und als Privatmann das Leben eines Dollar-Krösus führe.

»Haben Sie vielleicht zufällig ein fertiges Washington-Denkmal in der Westentasche, Mister Ritter?«

»Nein. Wird aber bis heute abend beschafft werden.«

In Dialogen wie diesem läßt Gerhart Hauptmann das »Glückskind« aus der Alten Welt, das in Rekordzeit die Mutation zum Vollamerikaner geschafft hat, ohne dabei der Versuchung zu erliegen, sein hohes künstlerisches Credo zu verraten, Gestalt annehmen. Sein resümierender Kommentar: *»Die weiche Liebenswürdigkeit des Österreichers war durch die Luft der neuen Welt hell, frei und feurig geworden.«*

Auch über die Gründe für Bonifazius Ritters Tapetenwechsel wird der Leser ins Bild gesetzt:

»Sein Leben hatte in der Heimat einen Knick bekommen. Irgendein rüder Vorfall beim Militär hatte den jungen Menschen erst zu widersetzlicher Tätlichkeit und dann zur Desertion bewogen. Nun war er seit einigen Jahren in Amerika und mußte sich sagen, daß der Knick in der Heimat eine unumgängliche Sache gewesen war, um das Reis in

den neuen, wirklich dafür geeigneten Humus verpflanzen zu können.«

Bei dem in so vielen seiner Werke aus dem prallen Leben schöpfenden Naturalisten Gerhart Hauptmann wundert es uns nicht: Diesen Bonifazius Ritter hat's tatsächlich gegeben! Nur hieß er in Wirklichkeit nicht Ritter, sondern Bitter, und nicht Bonifazius, sondern Karl. Österreich, das Land seiner Herkunft, hat ihn merkwürdigerweise total vergessen, führt ihn in keinem seiner heutigen Lexika – höchste Zeit, es nachzuholen. Dafür begegnet ihm der US-Tourist, der mit offenen Augen die nordamerikanischen Großstädte durchstreift, auf Schritt und Tritt. An zahlreichen öffentlichen Plätzen, Ruhmeshallen und Monumentalbauten der USA erhält er die sichtbare Bestätigung dafür, daß der Wiener Kaufmannssohn Karl Bitter zu seinen Lebzeiten die Nr. 1 unter den amerikanischen Bildhauern gewesen ist, ja diesen hohen Rang in der Kulturgeschichte der Vereinigten Staaten nach wie vor innehat.

Sein Elternhaus steht in der Herklotzgasse im 15. Wiener Gemeindebezirk. Der Vater, Protestant, betreibt einen kleinen Handel mit Drogerie-Artikeln, die Mutter erzieht die drei Söhne (von denen Karl der mittlere ist) im katholischen Glauben. Aus dem Henrietten-Gymnasium bricht der am 6. Dezember 1867 Geborene und zur Juristenlaufbahn Bestimmte als Vierzehnjähriger aus. Fasziniert von der Kunstfertigkeit der Steinmetzgesellen, denen er auf einem der nahen Friedhöfe bei der Arbeit zuschaut, tritt er in die Bildhauerklasse der Wiener Kunstgewerbeschule ein. Sein Lehrer an der Akademie, die er drei Jahre später bezieht, ist der berühmte Edmund Hellmer, dessen Johann-Strauß-Denkmal im Wiener Stadtpark bis heute zu den begehrtesten Photomotiven der Touristen aus aller Welt zählt, die der österreichischen Bundeshauptstadt

*Ohne Kontaktadresse
und ohne Englisch-
kenntnisse nach
New York: Karl Bitter*

einen Besuch abstatten. Auch das Goethe-Monument am
Opernring ist sein Werk.

Um den ohnehin mit seiner Berufswahl hadernden Eltern
nicht ständig auf der Tasche zu liegen, nimmt der Hellmer-
Adept Karl Bitter jede Gelegenheit wahr, sich finanziell
auf eigene Beine zu stellen: Er wirkt bei der plastischen
Ausschmückung des Burgtheater-Neubaues mit, bei der
Modellierung der Rossebändiger vor den kaiserlichen
Hofstallungen, bei den Giebelskulpturen am Innsbrucker
Waisenhaus.

Sein Pech ist es, daß er das Untergymnasium ein Jahr vor
der Zeit beendet und damit – nach dem herrschenden Re-
glement – die Möglichkeit verwirkt hat, als Einjährig-Freiwilliger einzurücken und sich die Anwartschaft auf den Of-
fiziersrang zu sichern: Karl Bitter muß *drei* Jahre beim

In vielen Städten der USA stehen seine Denkmäler (hier Karl Bitters Standbild des Rektors der Universität Philadelphia, William Pepper)

Heer dienen, und das, so spürt er, bringt seinen künstlerischen Impetus zum Erliegen. Also nützt der Einundzwanzigjährige einen zweimonatigen Militärurlaub für einen »Ferialjob« in Berlin, von dem er nicht zur Truppe zurückkehrt: Ein gutsituierter Freund aus Wiener Tagen stellt ihm das Geld für die Schiffspassage nach Amerika zur Verfügung. Die silberne Taschenuhr, die er dem Deserteur zusteckt, bevor dieser den Zug nach Bremerhaven besteigt, wird Karl Bitter bis ans Ende seiner Tage tiefgerührt in Ehren halten.

Mit schwerem Gepäck geht er am 22. November 1889, zwei Wochen vor seinem 22. Geburtstag, in New York von

Bord: Keine einzige Kontaktadresse in der Tasche und bar
allen Umgangsenglischs, bilden die Skizzenbücher und
Werkphotos aus den Jahren an der Wiener Kunstakademie
sein einziges Kapital. Ein Manhattaner Verkehrspolizist,
den er radebrechend um Hilfe angeht, sucht ihm aus dem
Telefonbuch eine Werkstatt für Fassadendekor heraus:
Karl Bitter hat Glück, kommt auf der Stelle als Gehilfe
unter und kassiert für seine Arbeit stolze acht Dollar pro
Tag. Vor allem aber: Richard Morris Hunt, einer der
führenden Architekten von New York, wird auf das vielversprechende Talent aufmerksam und spannt ihn spontan
für seinen nächsten Auftrag ein: den Bau eines Landsitzes
für den Großunternehmer George W. Vanderbilt.
Auch bei anderen Projekten kann der junge Immigrant
zeigen, was er im Wien der Nach-Makart-Zeit und Ring-
straßen-Ära gelernt hat. Ob ornamentaler oder figuraler
Architekturdekor – Karl Bitters Modelle bedürfen kaum
einer Korrektur, können von den Gipsgießern und Stein-
metzen 1:1 umgesetzt werden. Ist es da ein Wunder, daß
er aus dem Wettbewerb für die künstlerische Ausgestal-
tung der Bronzetore der New Yorker Trinity Church als
Sieger hervorgeht? Daß er beauftragt wird, für das Ver-
waltungszentrum der Chikagoer Weltausstellung den Fi-
gurenschmuck, für die Fassade des Metropolitan Museum
of Art die Karyatiden und für den Pennsylvania-Bahnhof
von Philadelphia die Skulpturen beizusteuern?
In Philadelphia ist es auch, wo dem inzwischen Dreißigjährigen, längst Inhaber eines großzügig ausgestatteten
Ateliers mit hochqualifiziertem Mitarbeiterstab und bald
auch US-Citizen, Ehegatte der einer deutsch-amerikani-
schen Familie aus Cincinnati entstammenden Marie Schevill sowie Herr über einen eigenen Landsitz am Steilufer
des Hudson, der entscheidende nächste Karrieresprung

gelingt: das erste Denkmal! Es ist ein Standbild Dr. William Peppers, des Rektors der Universität. Im Nu und weit über Philadelphia hinaus verbreitet sich die Kunde, daß da ein Künstler am Werk ist, der es wie kein zweiter versteht, sich in Charakter und Charisma der von ihm zu Porträtierenden zu versenken, der zu diesem Zweck die aufwendigsten Studien betreibt, ja schließlich in der Geschichte seines Gastlandes USA dermaßen beschlagen ist, daß man ihn getrost auch mit höheren Aufgaben betrauen kann: dem Reiterstandbild des Bürgerkriegsgenerals Sigel, dem Triumphbogen für Admiral Dewey, dem Grabmal für Henry Villard, den Erbauer der Pacific-Bahn. Und Thomas Jefferson, dem legendären Präsidenten und Verfasser der Unabhängigkeitserklärung, huldigt er sogar gleich drei Mal (nachzuprüfen in Cleveland, Charlottesville und St. Louis).

Ob Stadtverwaltungen, Hochschulen oder auch betuchte Privatpersonen: Wer auf sich hält, läßt bei Karl Bitter arbeiten. Die Bürgermeister von New York, St. Louis und Madison engagieren ihn als Berater, Präsident Roosevelt macht ihn zu seinem engsten Vertrauten in Kunstfragen, die Kollegen wählen ihn zum Präsidenten der National Sculpture Society.

Nur die Heimat – sie bleibt ihm, dem Fahnenflüchtigen, verschlossen. Erst 1909 gelingt es seinen Wiener Freunden, Bitters Amnestierung zu erwirken: Der Einundvierzigjährige reist nach Österreich, um seine alten Eltern in die Arme zu schließen; im Waldstein-Garten des Praters wird auch mit den Lehrern von einst Wiedersehen gefeiert. Und einen zweiten Heimatbesuch, bei dem ihn Gattin Marie und die drei Kinder begleiten, nützt er sogar zum Arbeiten: In einem Gartenatelier in Hietzing feilt er an den Entwürfen für die Reliefbilder des US-Politikers Carl

Gattin Marie steht ihm für die Figur der Nymphe am New Yorker Plaza-Brunnen Modell – im prüden Amerika jener Jahre ein Skandal!

Schurz und des Erbauers der Pennsylvania Railroad, Cassatt.

Bitters letztes Werk ist ein Brunnen für einen der schönsten Plätze New Yorks: Ein Vermächtnis des verstorbenen Zeitungsherausgebers und Philantropen Joseph Pulitzer erfüllend und aus dessen Stiftung finanziert, soll der Plaza-Fountain am Eingang zum Central Park von der Figur einer Nymphe gekrönt sein, die mit offenen Händen Blüten und Früchte unter die Menge streut. Am 10. April 1915 legt Karl Bitter sein Werkzeug aus der Hand, am Abend will er mit seiner Frau, die für die (wegen ihrer Nacktheit nicht unumstrittene) Plastik Modell gestanden ist, mit einem Besuch der Metropolitan Opera die Vollendung des Auftrags feiern. Die Vorstellung ist vorüber, Mr. und Mrs. Bitter verlassen das Theater, wollen den Broadway überqueren, um zu ihrer Straßenbahn zu gelangen, da kommt ein Auto auf sie zugerast. Bitter kann gerade noch seine Frau zurückreißen, er selber gerät unter die Räder des Wildlings, stirbt an Ort und Stelle. 47 Jahre alt.

In Europa ist Krieg, erst fünf Jahre später trifft das Bildmaterial, das Freund Hans Kestranek zur Illustration seiner großen Karl-Bitter-Würdigung aus den USA angefordert hat, in Wien ein. Der 25 Seiten lange Aufsatz in der Monatsschrift »Kunst und Kunsthandwerk« beginnt mit einer flammenden Anklage:

»*Kein Land treibt solche Verschwendung mit seinen geistigen Kräften wie Österreich. Keines läßt seine Besten so leicht ins Ausland ziehen und achtet kaum, wenn sie draußen Großes wirken. Wäre es anders, es würde sie halten, pflegen und nutzen.*«

Die Perser des Nordens

Rudolf Stundl

E in Steirer, der den Fischern der Ostsee die Kunst des
Teppichknüpfens beibringt und ihnen damit über die
Not der Wintermonate hinweghilft – Sonderapplaus für
Rudolf Stundl!
Seiner Vaterstadt Graz kehrt der am 4. Februar 1897 Geborene schon früh den Rücken: Die Familie siedelt sich in
der anderen »Reichshälfte« an, in Ungarn. In Zsolna macht
er die Matura; in Budapest, wo nach dem Ersten Weltkrieg, der allgemeinen Not gehorchend, Kleinwerkstätten
aus dem Boden schießen, in denen mancherlei neue Er-
werbszweige erprobt werden, läßt er sich in die Geheimnisse der orientalischen Teppichmanufaktur einweihen.
Doch das Experiment schlägt fehl: Magyarische Hinterhö-
fe sind wohl doch nicht der geeignete Ort, echte »Perser«
hervorzubringen; man muß nach anderen Wegen suchen,
die herrschende Arbeitslosigkeit einzudämmen. Also begnügt sich der Fünfundzwanzigjährige mit dem Ausbes-
sern und Auffrischen und eröffnet, ein weiteres Mal das
Terrain wechselnd, in Zagreb einen Kleinbetrieb zur Re-
staurierung schadhafter Orientteppiche.
Aber unser unternehmungslustiger Steirer will höher hinaus, und so folgt er dem Strom all der vielen jungen Leute,
die ihr Glück in der pulsierenden Metropole der »roaring
twenties« suchen: in Berlin. Ähnlich wie in Wien spielt
auch hier das Kaffeehaus mit seinen Bergen von Zeitungen, Illustrierten und Journalen eine entscheidende Rolle

als »Zukunftswerkstätte«, und im Anzeigenteil eines der Blätter, die von Stellengesuchen und -angeboten übergehen, trifft er auf die Annonce einer ambitionierten Konfektionshandlung in der pommerschen Kreisstadt Greifswald, die nach einem versierten Teppichknüpfer Ausschau hält.

An der Ostsee wütet die Arbeitslosigkeit noch stärker als im Binnenland. Besonders die Fischer, die im Winter ohne Einkommen sind und beim Kaufmann »anschreiben« lassen müssen, ehe die nächste Heringssaison wieder ein bißchen Ertrag abwirft, lechzen nach einem Nebenerwerb. Was ist, wenn die Notstandsgelder, die ihnen das Landratsamt bewilligt, eines Tages ausbleiben? Denken nicht manche, um andauernder Verarmung zu entgehen, gar an Umsiedlung? Da kommt die Idee mit den Teppichen gerade zur rechten Zeit. Müßten die im Netzknüpfen geübten Fischer – und vor allem deren Frauen – nicht imstande sein, ihr traditionelles Handwerk zur Anfertigung attraktiven Wandschmucks weiterzuentwickeln?

Rudolf Stundl ist genau der Mann, der ihnen dabei zur Hand gehen kann. Er meldet sich auf das Greifswalder Zeitungsinserat hin und setzt sich in den Zug nach Pommern. Bei der Ortswahl geht er bedachtsam vor: Nicht Lubmin, das zu dieser Zeit schon ein florierendes Seebad ist, sondern das benachbarte Freest, eine urwüchsige Fischersiedlung an der Peene-Mündung, ist sein Ziel. Hier stellt er im Dorfwirtshaus seine Knüpfstühle auf, bringt seinen »Kandidatinnen« Smyrna- und Ghiordes-Knoten bei, und vor allem: Er überzeugt sie davon, daß der Sinn ihres Tuns nicht im Imitieren orientalischer Motive liegen kann. Die Fischer von Freest müssen Teppiche auf den Markt werfen, die ihre eigene Lebenswelt widerspiegeln: Anker und Schiff, Flunder und Möwe, Stranddistel und

Ein Steirer bringt den Frauen der Ostseefischer das Teppichweben bei:
Rudolf Stundl (links im Bild)

Wellenband – natürlich alles in stark vereinfachter, streng stilisierter Darstellung.

Da sitzen sie nun also fortan in ihren gutgeheizten Fischerhütten, lernen nach Stundls Anweisungen die anderthalb Zentimeter langen, nach alten Rezepturen gefärbten Fäden der harten Schafwolle um die auf den Knüpfstuhl gespannten Kettschnüre schlingen und fachgerecht festklopfen; ein Dorf nach dem anderen – Lassan,

Usedom und Spandowerhaken – folgt ihrem Beispiel, und schon bald stellen sich auch die ersten Käufer ein: Die pommerschen Fischerteppiche – 60 000 Knoten pro Quadratmeter, vier Kilo Wolle und 160 Arbeitsstunden pro Stück – werden zum begehrten Markenartikel.

Meister Stundl, dem die Fischer von Freest dies alles zu danken haben, wird mit den Jahren zu einem der ihren, hat den eleganten Stadtpelz und die steife Melone, mit denen er seinerzeit aus Berlin angereist ist, gegen Rollkragenpullover und Schiffermütze getauscht, und wen sein angestammter alpenländischer Zungenschlag allzu exotisch anmutet, wird ihn bald auch im urwüchsigsten Plattdeutsch reden hören: Der Werbeslogan »Wi knüppen und weben – een Teppich for't Leben« geht auf niemand anderen zurück als auf den Wahl-Pommer aus Graz.

1934 steht die »Pommersche Fischerteppich-Heimknüpferei« mit Verwaltungssitz in Greifswald auf soliden Füßen, und weder die NS- noch die DDR-Ära werden daran viel ändern. Erst nach dem Krieg sind neue Anfangsschwierigkeiten aus dem Weg zu räumen: Der 1953 gegründeten Produktionsgenossenschaft »Volkskunst an der Ostsee« fehlt's am Material. Woher soll man jene Tonne Wolle nehmen, die Rudolf Stundl für den Wiederbeginn seines Unternehmens beantragt hat? Die Leute brauchen keine Teppiche, sondern warme Kleidung! Doch unser Steirer hat Glück: In der zuständigen Sowjetkommandantur gerät er an einen Verhandlungspartner aus dem Kaukasus, dem bei dem Gedanken an die Teppichknüpftradition seiner eigenen Heimat warm ums Herz wird, und schon ist das ersehnte Kontingent mongolischer Schafwolle bewilligt.

Natürlich hat alles seinen Preis: Rudolf Stundl tritt der Staatspartei SED bei, das Plansoll der Heimarbeiterinnen

wird nunmehr behördlich festgesetzt (und laufend er-
höht), die schönsten Exemplare unter ihren Teppichen
machen auf Ausstellungen in den diversen anderen Ost-
blockländern die Runde. Erst mit 71 zieht sich Rudolf
Stundl in den Ruhestand zurück, und auch die 22 Jahre,
die er noch vor sich hat, bleiben er und Gattin Frida seinem Lebenswerk verbunden.

Wie es nach der »Wende« – Stundl stirbt am 4. April 1990
und wird in Greifswald beigesetzt – damit weitergeht?
Nun, es wird jedenfalls nicht leichter für die Teppichknüpfer von Freest. Mehr und mehr wendet sich die nach-
wachsende Generation von dem mühsamen Gewerbe ab:
Welches Mädchen mag noch tagaus, tagein in den eigenen
vier Wänden am Knüpfstuhl sitzen? Werden die ABM-
Programme des Arbeitsamtes, die nostalgischen Wieder-
belebungsversuche der da und dort stattfindenden »Jahr-
märkte vergessenen Kunsthandwerks« und die Initiativen
des »Fördervereins für maritimen Denkmalschutz« die
»Perser des Nordens« vor dem Untergang bewahren können?

Eines ist ihnen auf jeden Fall sicher: ein fester Platz in den
Heimatmuseen der Region. Und auch hier gilt wie in allen
Sammlungen: Je älter ein Exemplar, desto höher sein
Wert. Denn wie hat Rudolf Stundl seinen Adepten ein für
allemal eingebleut: »Richtig schön ist ein Teppich erst, so-
bald ein ganzes Regiment Soldaten drübermarschiert ist.«

Die Akropolis von Darmstadt

Joseph Maria Olbrich

Das »Krauthappel« kennt jeder – jeder Wiener und jeder Wien-Besucher. Es ist der gleichermaßen liebevolle wie respektlose Spitzname jener 3000 dreißig Zentimeter langen Lorbeerblätter und 700 faustgroßen Beeren aus vergoldetem Eisen, die zur Kuppel der »Secession« zusammengefügt sind. Aber wissen Sie auch, daß das berühmte Ausstellungsgebäude an der Pforte zum Naschmarkt auf acht Meter hohen Betonsäulen ruht, die bis zum Bett des unterirdisch verlaufenden Ottakringer Baches hinabreichen? Und daß an dieser Stelle, einst von ebenjenem Gewässer betrieben, die alte Bleistiftmühle stand? Vor allem aber: Wissen Sie, wer die »Secession«, das 102 Jahre alte Wiener Jugendstil-Juwel, erbaut hat?
Otto Wagner? Josef Hoffmann?
Es ist Joseph Maria Olbrich. Daß sein Name den Wienern weniger geläufig ist als der der beiden anderen, liegt daran, daß er, der am 22. Dezember 1867 geborene Zuckerbäckerssohn aus Troppau, der Hauptstadt von Österreich-Schlesien, die Mehrzahl seiner Projekte nicht in der Heimat, sondern im Ausland verwirklicht hat. Den Landsleuten war er nicht einmal eine Professur an der Akademie der bildenden Künste wert.
Als am 3. April 1897 eine Gruppe von Rebellen um Gustav Klimt, Kolo Moser, Carl Moll und Josef Anton Engelhart – aus Protest gegen die verknöcherten Apologeten des allesbeherrschenden Historismus – ihren Austritt aus dem

Künstlerhaus bekanntgibt, sich in der frisch gegründeten
Secession zusammenschließt und einen der ihren, den
dreißigjährigen Joseph Maria Olbrich, mit der Planung
eines eigenen Ausstellungsgebäudes betraut, ist kein
Geldgeber aufzutreiben, der für die veranschlagten 60 000
Gulden aufkäme: Die Künstler selber müssen die Bauko-
sten tragen, auch Olbrich arbeitet ohne Honorar. Die Stadt
Wien stellt lediglich den Baugrund zur Verfügung. Die
Allee, die die Secession mit der Karlskirche verbinden soll,
bleibt Entwurf: Die diesbezüglichen Zusagen der öffentlichen Hand werden nicht eingehalten.
Doch zunächst einmal verläuft die Karriere dieses Joseph
Maria Olbrich wie nach Maß: An der Wiener Staatsgewer-
beschule ist Camillo Sitte, an der Akademie der bildenden
Künste Carl von Hasenauer, der Erbauer der Hofmuseen,
der Hermesvilla und des Burgtheaters, sein Lehrer. Otto

*»Secessionist« Joseph Maria Olbrich (ganz links) im Kreise seiner
Mitstreiter (Mitte: Kolo Moser, rechts: Gustav Klimt)*

Wagner stellt den talentierten jungen Mann als Zeichner ein, er braucht ihn für das Mammutunternehmen des Stadtbahnbaues. Mit dem Geld des ihm zuerkannten Rom-Preises bereist Olbrich ein halbes Jahr lang Italien und Nordafrika – die bei dieser Gelegenheit entstehenden Architekturskizzen nehmen etliche seiner späteren Entwürfe vorweg.

Die erste selbständige Arbeit des Achtundzwanzigjährigen ist gleich ein architektonischer Paukenschlag: das am 15. November 1898 eingeweihte Gebäude der Secession. Es folgen das Clubhaus des Radfahrvereins der Staats- und Hofbeamten in der Rustenschacherallee, das Grabmal der Familie von Klarwill auf dem Döblinger Friedhof, die Villa Friedmann in der Hinterbrühl, das Haus Dr. Stöhr in der Altstadt von St. Pölten und der Landsitz des Schriftstellers Hermann Bahr im zu dieser Zeit noch dörflichen Ober-St. Veit. Daß ihm ein anderer Großer der schreibenden Zunft, der Kunstkritiker Ludwig Hevesi, »die leichtbeschwingte Phantasie, angeborene Vornehmheit und einschmeichelnde Liebenswürdigkeit eines Johann Strauß« attestiert, hilft Olbrich wenig: Nicht einmal einem so gewichtigen Mentor wie Otto Wagner gelingt es, das junge Genie auf den ersehnten Lehrstuhl an der Akademie zu hieven.

Da greift das Ausland zu – in Gestalt des kunstsinnigen Mäzens Großherzog Ernst Ludwig von Hessen. Der in Darmstadt residierende Landesfürst hat, von Olbrichs Secessions-Bau inspiriert, die kühne Idee, auf der im Osten der Stadt sich erhebenden Mathildenhöhe eine Künstlerkolonie ins Leben zu rufen, die im großen Stil allen Musen der Zeit eine Heimstatt bieten soll. Wer wenn nicht Olbrich wäre der rechte Mann, ein solches Projekt in die Tat umzusetzen? Ist es nicht gerade diese Leichtigkeit des

Wiener Jugendstils, die der herrschenden deutschen Geschmackskultur so schmerzlich abgeht? Bauherr und Architekt fassen Vertrauen zueinander, werden Freunde, und aus dieser Freundschaft erwächst zwischen 1899 und 1906, was bis zum heutigen Tag die Jugendstil-Pilger aus aller Welt zu Begeisterungsausbrüchen hinreißt: die »Darmstädter Akropolis«.

Auf einem 10 000 Quadratmeter großen Areal entsteht Zug um Zug ein Baujuwel nach dem anderen: das Ernst-Ludwig-Haus mit seinen Ateliers und Festsälen, das Aus-

Logo von eigener Hand: Olbrichs Werksignet

stellungsgebäude, die Villen der Künstler, der sogenannte (und alsbald zu einem der Wahrzeichen von Darmstadt werdende) Hochzeitsturm, der brunnengeschmückte Platanenhain, dazu die bis ins kleinste durchstilisierte Innenausstattung, bei der selbst Türschloß und Vorhangstange noch die Handschrift des Meisters verraten.

Großherzog Ernst Ludwig von Hessen begnügt sich nicht damit, seinen österreichischen Gast in Darmstadt anzusiedeln und ihn fürstlich zu entlohnen: Er macht ihn auch zum Hofbaurat und Professor. Und da Olbrich ebenso in der Fertigung von Möbeln, Gläsern und Geschirr, von Vasen und Standuhren, von Wandteppichen und Leuchtern, ja von Gebrauchsgegenständen bis zur Puderdose und Haarbürste, zur Uhrkette und Schmuckschatulle, vom

Buchschmuck bis zur Glückwunschkarte neue Maßstäbe setzt, geht der deutsche Fachhandel alsbald von Olbrich-Produkten über. Für die Pariser Weltausstellung von 1900 entwirft er unter dem Markenzeichen »Wiener Zimmer« einen »Lustschiffsalon« aus edelsten Hölzern, aus Gold und Silber, Elfenbein, Perlmutt, Seide und Kristall; in Düsseldorf entsteht nach seinen Plänen ein Großkaufhaus, für die Firma Opel versucht er sich am Prototyp eines Arbeitereigenheims, ja sogar an der Karosserie eines Automobils (das allerdings unausgeführt bleibt), und unter den mehreren tausend Planzeichnungen, die in seinem vom Berliner Kunstgewerbemuseum gehüteten Nachlaß erhalten sind, fehlen weder ein Entwurf für einen Großbahnhof (Basel) noch das fertig ausgearbeitete Konzept eines Kurzentrums (Karlsbad).

Nur logisch, daß »Westdeutschlands begehrtester Architekt«, wie Ludwig Hevesi, der Chronist der Wiener Secession, den Exösterreicher Olbrich nicht ohne klagenden Unterton nennt, sich auch im Privatleben ganz nach seiner Wahlheimat ausrichtet: In Wiesbaden heiratet er, in Dresden wird er Vater, in Düsseldorf eröffnet er sein letztes Atelier. Und dort – Todesursache: Leukämie – geht auch das Leben des Frühvollendeten zur Neige – mit 41. In Darmstadt, dem Ort seiner größten Triumphe, wird Joseph Maria Olbrich am 12. August 1908 bestattet. Doch der Dank an den Schöpfer des deutschen Jugendstils ist so übermächtig, daß man es nicht bei dem bloßen Begräbnis beläßt, sondern der Zeremonie auf dem Alten Friedhof noch im selben Jahr eine eigene Olbrich-Gedächtnisfeier folgen läßt.

Auftrag für morgen

Richard Neutra

Als er 1926 den Sprung in die Selbständigkeit wagt und in Los Angeles sein erstes Atelier eröffnet, bekommt er es gleich mit einem besonders interessanten Auftrag zu tun: Richard Neutra soll ein Schulgebäude entwerfen, das sich von allem bisher Gewohnten radikal abhebt. Der Vierunddreißigjährige entscheidet sich für eine kreisförmige Anlage, die es erlaubt, den Unterricht bei Schönwetter aus dem Klassenzimmer ohne viele Umstände ins Freie zu verlegen. Liegt es an der Kühnheit seiner Pläne oder an der Kostspieligkeit ihrer Realisierung, daß sie erst 32 Jahre später ausgeführt werden? Wie auch immer: Die Ring-Schule von Corona Avenue wird gebaut. Und der Clou: Auch nach Ablauf dieser drei Jahrzehnte, in denen die Architektur sich ja gewaltig weiterentwickelt hat, braucht an den Entwürfen von 1926 so gut wie nichts geändert zu werden. Richard Neutra, der große Visionär unter Amerikas Architekten, ist wieder einmal der Zukunft vorausgeeilt.

Doch als er 1966 – als Mann von 74 – in seine Geburtsstadt Wien zurückkehrt, um seinen Lebensabend in der Heimat zu verbringen, steht für ihn nicht einmal eine eigene Wohnung bereit: Nur im Gästehaus der Arbeiterkammer findet das hierzulande verkannte Genie Unterschlupf. Und trotz aller offiziellen Lobpreisungen – etwa der Verleihung der Ehrenbürgerschaft der Stadt Wien – wartet in Österreich auch keinerlei Auftrag auf den »grand old man«. Es wird

also, was seine hiesige »Hinterlassenschaft« betrifft, bei
jenem einen Kleinsthaus bleiben, das er um 1930 zu der
Werkbundsiedlung zwischen Jagdschloßgasse und Veitin-
gergasse beigesteuert hat. Tief enttäuscht kehrt der Mitt-
siebziger seiner Vaterstadt den Rücken, und in Wuppertal,
wo er sich seinem allerletzten Projekt zuwendet, geht am
16. April 1970 das Leben eines der renommiertesten Architekten des 20. Jahrunderts zu Ende. Übrigens mitten
während der Arbeit: Er ist gerade dabei, höchstpersönlich
mit der Kamera den fertiggestellten Bau im Bild festzuhalten …

Als Richard Neutra am 8. April 1892 in Wien zur Welt
kommt, rollen die ersten Elektroautomobile durch die
Straßen, auf dem Platz Am Hof ist das Radetzky-Denkmal
enthüllt worden, Krone und Heller haben Gulden und
Kreuzer abgelöst, Arthur Schnitzler hat seinen »Anatol«-
Zyklus abgeschlossen, Eleonora Duse ist im Carl-Theater
aufgetreten. Der Sohn des Messing- und Bronzegießers
Samuel Neutra (der unter anderem für die Wiener
Gas- und Wasseruhren die Metallteile hergestellt hat) ab-
solviert in seinem Wohnbezirk Leopoldstadt das So-
phiengymnasium, schließt als Schüler von Rudolf Saliger,
Karl Mayreder und Max Fabiani »summa cum laude« sein
Studium an der Technischen Hochschule ab und holt sich
in der Bauschule von Adolf Loos das, was er später seinen
»Feinschliff« nennen wird.

Die Erfahrungen des Ersten Weltkrieges, den er als Artil-
lerieleutnant auf dem Balkan erlebt, machen Neutra zum
Pazifisten, Sigmund Freuds jüngster Sohn Ernst ist sein
Begleiter auf der ersten größeren Auslandsreise, und in
Zürich, wo sich für den im notleidenden Österreich Chan-
cenlosen wenigstens eine Stelle in einer Landschafts-
gärtnerei findet, begegnet er der Frau fürs Leben: der

zehn Jahre jüngeren Sängerin und Cellistin Dione Nieder-
mann.

Erst in Luckenwalde bei Berlin kann er – als Angestellter
des dortigen Bauamtes – in seinem eigentlichen Metier
debütieren: mit der Anlage einer ländlichen Siedlung und
eines Waldfriedhofs. Die Pläne für das zentrale Geschäfts-
viertel von Haifa, die er unter Federführung des Berliner
Kollegen Erich Mendelsohn mitentwickelt, werden zwar
prämiert, bleiben jedoch unausgeführt.

Den Durchbruch schafft Neutra erst in Amerika, wo ihn
zwei Großmeister der Branche beeinflussen: Louis Sulli-
van und Frank Lloyd Wright. Und hier, mit dem 1927 bis
1929 für den Naturheilarzt Dr. Lovell errichteten »Health

*Kein Auftrag aus
der Heimat,
kein Domizil in Wien:
Richard Neutra*

House«, findet er seinen persönlichen Stil, für den man eine eigene »trade mark« prägen wird: Biorealismus. Der Name Neutra steht – gleichgültig, ob er Villen oder Appartementhäuser, Büroburgen oder Hotels, Schulen oder Bibliotheken, Museen oder Planetarien, Kirchen oder Kliniken entwirft – für funktionelles Bauen inmitten freier Landschaft, also für ökologische Einbeziehung von Vegetation, von Wasser und Gestein. Stahl und Beton, aber auch Holz und Glas, Aluminium und Naturstein zählen zu seinen bevorzugten Materialien, flachgedeckte Kuben zu seinen bevorzugten Formen, schwebende Schwerelosigkeit lautet das Ziel.

Seit 1930 auch Staatsbürger seiner Wahlheimat USA, findet Neutra trotz aller Auftragsfülle Zeit, sein architektonisches Credo weiterzugeben: Begehrter Vortragsreisender und Hochschuldozent, schreibt er mit Büchern wie »Wenn wir weiterleben wollen«, »Wie baut Amerika?« und »Auftrag für morgen« Zukunftsweisendes zum Thema »Naturnahes Bauen«, und wenn er auch alle Mühe hat, sich des Rufes zu erwehren, der »Architekt der Milliardäre« zu sein: In der Fachwelt weiß man's besser. Hier ist ein großer Denker am Werk, ein Humanist von Graden, ein Impulsgeber auch für die nachfolgende Generation.

Was letzteres betrifft, so sorgt er im allereigensten Umkreis dafür, daß seine Ideen weiterentwickelt werden: Noch zu Neutras Lebzeiten übernimmt Sohn Dion das Atelier in L.A. und führt das väterliche Werk fort. Denn trotz der unermüdlichen Unterstützung durch seine Frau, die ihm nicht nur eine treue Gefährtin, sondern auch Sekretärin, Chauffeuse und »Reisemarschallin« ist, erleidet Richard Neutras eigene Schaffenskraft mit zunehmendem Alter schmerzliche Einbußen: zuerst durch zwei Herzinfarkte, später durch anhaltende Depressionen und zuletzt noch durch die schnöde Abfuhr, die er als hochbetagter Heimkehrer in seiner Vaterstadt Wien erfährt. Nur folgerichtig, daß die Urne mit seiner Asche nach Kalifornien überführt und an der Stätte seiner großen Triumphe beigesetzt wird; Wien muß sich mit einer nach ihm benannten Gasse im Außenbezirk Leopoldau begnügen.

Orient en gros & en détail

Rudolf Lehnert

D er Schafhirt, der Hutflechter und der Kalligraph, der Tempeldiener, der Geldwechsler und der Kartenspieler, die Wasserträgerin, die Teppichknüpferin und die Tänzerin – keine der klassischen Figuren des alten Orients fehlt in Rudolf Lehnerts Porträtgalerie. Wir sehen den Töpfer beim Töpfern, den Wahrsager beim Wahrsagen, den Bettler beim Betteln – und alles in Photographien von höchster Vollendung, perfekt belichtet und selbstverständlich in Schwarzweiß. Die Männer beim Freitagsgebet, die Beduinenfrauen mit ihren Kindern, Kamelkarawane und Leichenzug, Zuckerrohrmarkt und Intarsienwerkstatt, die Ausgrabungsfelder der Archäologen und die Basarstraßen der Händler, die Krokodilmumien und der einsame Grenzstein mitten in der Wüste – mit Motiven wie diesen läßt sich gutes Geld verdienen, damals in den nostalgischen Zwanzigerjahren.

Heute, zwei Generationen später, ist dies alles Geschichte. Photogeschichte. Und ruht im Fundus des *Musée de l'Elysée* in Lausanne.

Schöpfer dieses auf Hunderten und Aberhunderten beschichteten Glasplatten eingefangenen Mikrokosmos ist ein Altösterreicher, der sein Herz, ja alle seine Sinne an den Zauber der Levante verloren hat. Wenn er auf den Auslöser seiner Kamera drückt, um das Panorama von Tunis oder die Klagemauer von Jerusalem, die Pyramiden von Giseh oder die Kolossalstatuen von Abu Simbel im

Bild festzuhalten, ist es, als würde aus dem simplen Reporter ein versierter Kustos – und ein begnadeter Geschichtenerzähler obendrein. Fürwahr, dieser Rudolf Lehnert hat das Zeug zum Jahrhundertphotographen.

Das nordböhmische Nest, in dem er am 13. Juli 1878 zur Welt kommt, findet man auf keiner der gängigen Landkarten: Groß-Aupa ist eine Streusiedlung von nicht mehr als 500 Einwohnern im heutigen tschechisch-polnischen Grenzgebiet am Fuße der Schneekoppe. Rudolf ist 25, als er das erste Mal Tunesien durchquert. Er ist zu Fuß unterwegs, sein wichtigstes Reiseutensil ist die Kamera.

Einer der ersten, die seine Photoausbeute zu sehen bekommen, ist ein gleichaltriger Deutscher: Irgendwo in der Schweiz läuft ihm dieser Ernst Heinrich Landrock über den Weg. Und wittert sofort die Chance, die sich da für die

Jedes Photo ein vollendetes Kunstwerk:
Rudolf Lehnert dokumentiert den Zauber des alten Orients

*Wohlverwahrt im Musée de l'Elysée in Lausanne: Rudolf Lehnerts
Photoplatten (hier eine Tänzerin vom Stamm der Onled Nail)*

beiden unternehmungslustigen Burschen auftut: Landrock, von Geburt Sachse, ist mit seinem ausgeprägten kaufmännischen Instinkt die ideale Ergänzung des Schöngeistes Lehnert. So geht's also schon bald *zu zweit* nach Nordafrika: Landrock und Lehnert mieten in der Hauptgeschäftsstraße von Tunis ein Ladenlokal und bieten durchreisenden Interessenten ihre Bilder an. Adresse: Avenue de France Nr. 9. Landrock steht hinter dem Verkaufspult und bedient die Kunden, Lehnert ist die meiste Zeit mit seiner Photoausrüstung unterwegs und sorgt für Nachschub.

Der Absatz entwickelt sich so prächtig, daß man sich bald nicht mehr mit dem örtlichen Geschäft begnügen muß: In München und Leipzig finden sich Verleger, die Lehnerts Orient-Kollektion in ihr Programm aufnehmen, und manche der Motive gehen um die halbe Welt. Das prachtvolle arabische Anwesen in der Altstadt von Tunis, das sich die beiden Kompagnons von ihrem Erlös leisten können, dient Lehnert zugleich als Kulisse für seine Porträtstudien.

Ihr Gastland befindet sich seit geraumer Zeit im Umbruch: Als französisches Protektorat ist Tunesien in Gefahr, Zug um Zug von seiner Substanz einzubüßen. Lehnert will dieser Gefahr entgegensteuern, indem er die traditionellen Bauwerke, Bräuche, Trachten und Berufe im Bild festhält. Doch die Zeit droht ihm davonzulaufen: Der Erste Weltkrieg bricht aus, die bis dato wohlgelittenen Fremden gelten auf einmal als Eindringlinge, ihr Laden wird beschlagnahmt, der österreichische Staatsbürger Rudolf Lehnert von den Franzosen interniert. Da ist es ein Segen, daß Landrock, der sich beizeiten in die Schweiz hat absetzen können, den Partner, der unterdessen, auch gesundheitlich angeschlagen, in ein Gefangenencamp auf

Korsika verlegt worden ist, freikämpfen und zu sich nach Graubünden holen kann.

Hier heiraten die beiden zuerst einmal: Landrock nimmt eine Waadtländerin, Lehnert eine Elsässerin zur Frau. Und als der Krieg aus ist, wird aus dem Österreicher Rudolf Lehnert ein Bürger der frisch gegründeten Tschechoslowakischen Republik – mit der für ihn erfreulichen Folge, seine konfiszierten Photoplatten zurückfordern zu können. Einem Neuanfang des Duos Lehnert-Landrock steht somit nichts im Wege: Ihr *Orient Kunst Verlag* nimmt 1920 seinen Betrieb auf – in Leipzig.

In den Nahen Osten, von dessen spezifischer Folklore das Unternehmen lebt, kehrt einstweilen nur Lehnert zurück: Nunmehr von einem Assistenten begleitet, bereist er Ägypten, Algerien, Syrien, den Libanon und Palästina und hält den dortigen Alltag im Bild fest. Ein besonderes Glück ist es für ihn, daß kurz vor seiner Ankunft in Kairo den Briten Carter und Carnarvon die aufsehenerregende Entdeckung des Pharaonengrabes von Tut-ench-Amun gelingt: Lehnert ist unter den Bewerbern um die Photolizenz derjenige, dem die Aufsichtsbehörden den Zuschlag erteilen.

Gleichzeitig sondiert Rudolf Lehnert die Bedingungen für eine eventuelle Wiederansiedlung auf arabischem Terrain, und im Oktober 1924 ist es tatsächlich soweit: In Kairo trifft er mit Landrock sowie den Familienangehörigen der beiden zusammen, in der Rue Magrabi Nr. 21 werden zum Monatspreis von 30 ägyptischen Pfund acht Räume gemietet, mit Hilfe eines Kredits der Anglo Egyptian Bank steigt die frisch gegründete Firma Lehnert & Landrock ins Geschäft mit Orient-Photos ein – en gros & en détail. Die miserable wirtschaftliche Lage Deutschlands macht den beiden Jungunternehmern jedoch einen Strich durch die

Rechnung: Die Großkunden in Dresden, Leipzig und Berlin steigen einer nach dem anderen aus, zurück bleibt ein bescheidener Postkartenshop für Touristen.

1930 trennen sich die Wege der beiden: Während Landrock die Geschäfte in Kairo zunächst allein weiterführt und nach einigen Jahren an seinen Schwiegersohn abgibt, der dem Kunstverlag auch eine (noch heute bestehende) deutschsprachige Buchhandlung angliedert, zieht es Rudolf Lehnert in sein geliebtes Tunis zurück, wo der inzwischen Zweiundfünfzigjährige in der Avenue Jules Ferry ein Atelier eröffnet, dessen Ruf als Porträtstudio sich in Windeseile über die Hauptstadt hinaus verbreitet.

Doch wieder ist es die große Politik, die alles über den Haufen wirft: Als der Zweite Weltkrieg auch Tunesien zum Kampfplatz macht, auf dem die Truppen der Alliierten denen der Deutschen gegenüberstehen, zieht sich der Ex-Österreicher Rudolf Lehnert, der längst französischer Staatsbürger geworden ist, in sein Haus in Karthago zurück, und als ihm 1944 auch noch die Frau wegstirbt, übersiedelt er endgültig ins Landesinnere, wo seine Tochter mit dem Chefarzt des Krankenhauses der Phosphatstadt Redeyef verheiratet ist. Hier, in der Oase Gafsa zwischen Südatlas und Vor-Sahara, wo einst der Karawanenhandel blühte und heute die besten Orangen, Zitronen und Granatäpfel des Landes gedeihen, geht am 16. Jänner 1948 das Leben eines der größten Photokünstler des frühen 20. Jahrhunderts zu Ende.

Die Welt der Bilder

Ernst Haas

Wenn er nach Wien auf Besuch kommt, so nur, um seine hochbetagte Mutter in die Arme zu schließen. Aber auch zu New York, wo er sich mit 30 niedergelassen hat, hält er Distanz: *Seine* Heimat ist die Welt. Genauer gesagt: die Welt der Bilder. Der Bilder, die er von seinen Reisen mitbringt. Und reisen kann man auch mit dem österreichischen Paß: Ernst Haas sieht keinen Grund, sich um die amerikanische Staatsbürgerschaft zu bemühen. Wenn er wollte, würden sie sie ihm auf dem Silbertablett servieren: Auf dem Höhepunkt seiner Karriere in den frühen Siebzigerjahren wird Haas unter die zehn besten Photographen der Welt gereiht. Er ist der erste seines Faches, dem das Museum of Modern Art eine Einzelausstellung widmet; sein Hauptwerk, der Bildband »Die Schöpfung«, erreicht eine Auflage von über einer Million, und selbst, wer sich nichts aus künstlerischer Photographie macht, kennt seine Arbeit: Ist nicht auch der »Marlboro Man« seine Erfindung? 1000 Dollar zahlt ihm die Agentur pro Tag – damals, als Ernst Haas noch in der Werbung tätig ist. Angefangen hat alles in Wien – und zwar zu einer Zeit, da die Stadt noch in Schutt und Asche liegt: 1947. Sein Elternhaus steht in Döbling, der Vater ist Regierungsbeamter (und Amateurdirigent), vor allem die Mutter fördert die künstlerischen Höhenflüge des am 2. März 1921 Geborenen; ein Onkel, der sich mit Wolkenkratzerbauten in Manhattan einen Namen gemacht hat, ist sein Vorbild.

Das Medizinstudium bricht er ab, aus der »Graphischen« fliegt er wegen miserabler Chemie-Noten hinaus – wieso nicht als »wilder« Photoreporter sein Glück versuchen? Kollegin Inge Morath, die nachmals selber zu den Weltstars der Branche zählen wird, macht den Herausgeber der amerikanisch-deutschen Zeitschrift »Heute« auf das junge Talent aufmerksam, und von dort, aus München, erreicht den Sechsundzwanzigjährigen denn auch der erste große Auftrag: Ernst Haas soll eine Reportage über die Wiener Nachkriegsmode anfertigen.

Doch die gewünschten Konterfeis aufgetakelter Trümmerfrauen bleibt er den Redakteuren schuldig. Dafür schickt er ihnen eine Photoserie, die alsbald um die Welt gehen wird: »Und die Frauen warten«. Was ist da geschehen?

Der erste seines Faches, dem das Museum of Modern Art eine Einzelausstellung widmet: Ernst Haas

*Die Photoserie, die Ernst Haas auf einen Schlag berühmt macht:
Frauen und Mütter, die 1947 auf dem Wiener Südbahnhof
von den ersten Rußland-Heimkehrern Aufschluß
über den Verbleib ihrer Männer und Söhne erhoffen*

Ernst Haas kommt im Zuge seiner Motivsuche beim Wiener Südbahnhof vorüber, gerät dort per Zufall in die Menschenmassen, die auf die ersten Heimkehrertransporte aus Rußland warten, und fängt mit seiner Kamera die Gesichter all der verzweifelten Frauen ein, die, ein Photo »ihres«

Vermißten in der Hand, von den Ankömmlingen Aufschluß über den Verbleib ihrer Männer und Söhne erhoffen. »Wie in einem Rausch« – so wird er sich später erinnern – drückt er ohne Unterlaß auf den Auslöser: »Die Geschichte jedes Krieges wird mit Tränen geschrieben« (so der etwas larmoyante Untertitel der aufsehenerregenden »Heute«-Reportage) geht auch den abgebrühtesten »Life«-Redakteuren unter die Haut: 18 Seiten halten sie für die Story frei. Und Robert Capa, der Chef des legendären Photographen-Pools »Magnum«, holt den österreichischen Senkrechtstarter nach Paris.

Doch kaum hat Haas im Olymp der Schwarzweißphotographie Fuß gefaßt und seine ersten »Magnum«-Arbeiten abgeliefert, bahnt sich in Amerika eine technische Umwälzung an, die ihn bald noch weit mehr faszinieren wird: Das Farbbild kommt auf. Hat es ihm nicht schon im Wien der Kriegs- und Nachkriegsjahre, wo dort alles – Straßen, Häuser, Menschen, Kleider – grau in grau ist, den Atem verschlagen, als er die frisch installierten ersten Verkehrsampeln blinken sieht? Nach jedem Unwetter läuft er in die Wiedner Hauptstraße, um sich an den roten, gelben und grünen Lichtern zu delektieren, die sich auf dem regennaß glänzenden Kopfsteinpflaster spiegeln.

Dem anhaltenden Diktat der Schwarzweiß-Snobs sich entschlossen widersetzend, steigt Ernst Haas auf »Color« um, und auch, daß manche Kritikerstimmen seine bunten Licht- und Stimmungsorgien als Kitsch verteufeln, kann ihn nicht anfechten: In Amerika, wo er sich 1951 endgültig niederläßt, reißt man ihm nicht nur seine Werbeaufnahmen, seine Standphotos für Kinofilme und schließlich seine großen Landschaftsreportagen aus der Hand, sondern honoriert ihn auch so fürstlich, daß er sich schon bald jede Freiheit leisten, jeglichen Zwang abschütteln kann:

Als er von seinen Auftraggebern – nach Kambodscha ent-
sandt, um den Tempelbezirk von Angkor im Bild einzufangen – telegraphisch gedrängt wird, doch endlich sein
Material abzuschicken, kabelt er seelenruhig zurück:
»Angkor ist 800 Jahre alt, wieso diese Eile?« Und als er
1956 seine aus Ungarn stammende Frau nach Budapest
begleitet, um deren beim Aufstand in Haft geratene Eltern
zu befreien, läßt er überhaupt die Kamera im Hotelzim-
mer zurück und schießt kein einziges Bild.
Ernst Haas ist ein extrem sensitiver Mensch: Je bewegter
die Zeiten werden, desto bewegter werden seine Bilder.
Mit langen Belichtungszeiten und subtilen Schwenks gelingt es ihm, die Statik der Objekte zu überwinden und
komplette Abläufe einzufangen: brodelnde Vulkane, auf-
ziehende Gewitter, fliegende Flamingoschwärme, tänzeln-
de Toreros, Sportler in Aktion. Längst hat sich ihm auch
das Geheimnis des »richtigen Moments« enthüllt: »Sich
vorzunehmen, heute mache ich ein tolles Bild, führt zu gar
nichts. Du mußt es im Bauch spüren, du mußt ganz in dei-
nem Thema aufgehen, es ist so wie Meditation.«
Dazu passend sein Outfit: Während die Kollegen, aben-
teuerlich gewandet und mit Unmengen von Technik
behängt, ihre Wichtigkeit durch hektisches Gebaren zu
unterstreichen versuchen, zieht Ernst Haas Unauffällig-
keit und Stille vor, trägt überall sein ewig gleiches Dun-
kelblau, verschwindet hinter den Motiven, nimmt noch
dem nebensächlichsten Gegenstand nichts von dessen
Würde. Und mit der gleichen Contenance tritt er auch von
dieser Welt ab, die er in so überwältigend schönen Bildern
dokumentiert hat: Das Bulletin des New Yorker Krankenhauses, in dem der fünfundsechzigjährige Ernst Haas am
14. September 1986 stirbt, könnte knapper nicht abgefaßt
sein: Folgen eines Schlaganfalls.

Mit der »Wien« über den Ärmelkanal

Robert Kronfeld

Die Luft kommt erst später, zunächst sind es Berg und Fluß, die ihn in ihren Bann ziehen: Robert Kronfeld ist ein begeisterter Kletterer und Skifahrer, und von einer seiner Wildwassertouren mit dem Paddelboot wird sogar ein Film gedreht. 22 ist er, als er 1926 als erster die fast 1000 Kilometer des Ebro im Ein-Mann-Kanu zurücklegt. Eigentlich sollte er sich ja mehr um sein Studium kümmern, und die Familie ist sowieso gegen jede Art von Extremsport. Die Familie – das ist die Wiener Wissenschaftler-Sippe der Kronfelds: Der Vater hat in der Kärntnerstraße eine renommierte Zahnpraxis, einer der Onkel ist städtischer Oberarzt und Redakteur der »Wiener Medizinischen Wochenschrift«, ein zweiter Botaniker.
Robert weiß, daß er mit seiner plötzlich ausbrechenden Leidenschaft fürs Fliegen erst recht anecken wird: Das Segelgleiten ist in diesen Tagen ein noch junger Sport – und ein eminent gefährlicher dazu. Hinter dem Rücken der Eltern legt er in Ostpreußen seine erste Prüfung ab. Zehn Minuten Flugdauer lautet die Bedingung an der Segelfliegerschule Rossitten. Er aber schafft 77, also gleich auf Anhieb einen phänomenalen Rekord. Da kann ihm auch das Stipendium, auf das er spekuliert, keiner streitig machen: Der Vierundzwanzigjährige bleibt in Deutschland, wo sich auf Grund der im Friedensvertrag von Versailles verankerten Beschränkung des Motorfluges der Segelsport besonderer Förderung erfreut.

Die Rhön mit ihren sanften Bergkuppen und weiten Hochflächen ist das Mekka der Segler. Hier wird aus dem Hobbyflieger Robert Kronfeld binnen kurzem einer der Pioniere der neuen Sportart: Er erzielt einen Rekord nach dem anderen, steigert Zug um Zug Flughöhe und Flugdauer, übt Wolken- und Gewitterflug, heimst alle großen Preise ein und geht schließlich sogar dazu über, an der Konstruktion der von ihm gesteuerten Modelle mitzuarbeiten. Zweierlei kommt ihm dabei zustatten: seine angeborenen manuellen Fertigkeiten und sein an der Technischen Hochschule erworbenes Rüstzeug.

Bald wird es keinen großen Segelflugtag geben, bei dem der Name Robert Kronfeld nicht auf der Teilnehmerliste steht. Längst zum Auslandsösterreicher geworden, läßt er sich in der Heimat nur noch blicken, wenn auch dort ein einschlägiger Wettbewerb ansteht – so etwa im Winter 1928/29, wo er mit Bravour die Strecke Wien-Wiener Neustadt meistert oder – bei minus 30 Grad! – auf der Rax zum ersten Hochgebirgsflug startet.

Drei Paar Socken unter den dicken Filzpantoffeln, zwei paar Fäustlinge, zwei übereinandergestreifte Skianzüge, Wollschal, Trikotmütze und Brille – so klettert der Vierundzwanzigjährige, bis zur Unkenntlichkeit vermummt, in den Sitz der »Rhöngeist«, kontrolliert noch ein letztes Mal Höhen- und Seitensteuer und läßt sich schließlich, als nach zermürbend langem Warten endlich der Wind günstig scheint, vom 1964 Meter hohen Dreimarkstein zur Bergstation gleiten.

Wieder in Deutschland, setzt Robert Kronfeld seine Rekordserie fort; nur die Namen seiner Flugzeuge – »Austria« und »Wien« – lassen auf die Herkunft des Piloten schließen. Natürlich bleiben ihm auch Rückschläge nicht erspart: Als er an Bord der »Austria«, die mit ihren 30 Me-

Die Engländer lassen ihn nicht mehr fort, und das ist seine Rettung:
Robert Kronfeld

tern Spannweite zu dieser Zeit als das größte Segelflugzeug der Welt gilt, bei einem Blindflug in der Rhön in ein
schweres Gewitter gerät, bricht der linke Flügel ab: Den
Absturz des in tausend Teile zerberstenden Flugapparats
überlebt er nur, indem er den Anschnallgurt losreißt, mit
den Schultern einen Teil der rechten Bordwand wegbricht
und mit letzter Kraft den Fallschirm aus dem Verschluß-
deckel zerrt.

1930 – unser Held ist inzwischen 26 – wird für Robert
Kronfeld zum Schicksalsjahr: In England, wo der Segel-
flugsport gerade erst in den Anfängen steckt, hält man
nach einem erfahrenen Instruktor Ausschau, der die dortigen Adepten der neuen Disziplin einschulen soll. Mit
einem 100-Kilometer-Zielflug zwischen Itfords Hill und
Plymouth, einer Privatlektion für den flugbegeisterten
Prince of Wales und einem in englischer Sprache abgefaß-
ten Lehrbuch (»Gliding and Soaring«) empfiehlt sich
Robert Kronfeld als der Mann der Stunde, und als ihm im
Jahr darauf gar der erste Segelflug über den Ärmelkanal
gelingt, würden ihn die Engländer am liebsten nicht mehr
fortlassen. Nicht nur die »Daily Mail«, die für das spekta-
kuläre Wagnis einen Preis von 1000 Pfund Sterling ausgesetzt hat, berichtet voll Enthusiasmus über den Coup des
jungen Österreichers, der seine »Wien« bei Calais mit
einem 80-PS-Motorflugzeug hochziehen läßt, eine Wol-
kenbank nach der anderen durchstößt, in 3000 Meter
Höhe das Schleppseil ausklinkt, nach knapp einer Stunde
Flugzeit jenseits des Kanals bei Dover niedergeht, nach
nur kurzem Verschnaufen zum Rückflug startet und nach
weiteren 20 Minuten bei inzwischen eintretender Dunkel-
heit wieder in Calais landet.

Noch ahnt er nicht, daß England seine zweite Heimat werden wird. Robert Kronfeld ist Jude, in Deutschland bahnt

sich die Machtergreifung der Nationalsozialisten an, sein Job als Lehrer an der Verkehrsfliegerschule Braunschweig ist gefährdet. Da wäre es töricht, das Angebot auszuschlagen, sich den Engländern für den Aufbau des dortigen Segelflugsports zur Verfügung zu stellen. Er wird britischer Staatsbürger, geht ganz in seinem Beruf als Fluglehrer auf, vervollkommnet vor allem sein Gespür für Luftströmungen, entwickelt eine nach ihm benannte Autowinde für Flugschleppmanöver, steigt nebenbei in die Produktion von Leichtmotorflugzeugen ein und stellt sich schließlich, als der Zweite Weltkrieg ausbricht, in den Dienst der Royal Air Force, bei der er es bis zum Staffelführer im Majorsrang bringt.

Seine eigentliche Leidenschaft aber bleibt das Segelfliegen. Als er am 12. Februar 1948 bei Versuchen mit einem rumpflosen Gleiter zu einem Probeflug über Südengland abhebt, kommt das noch unausgereifte Fluggerät kurz nach Ausklinken ins Trudeln, überschlägt sich und stürzt in der Nähe der Ortschaft Lasham aus 5000 Meter Höhe ab. Der mit an Bord befindliche Beobachter kann sich mit dem Fallschirm retten, Robert Kronfeld stirbt in den Trümmern seiner »Motte«.

»Für mich und meine Kameraden, die dasselbe oder mehr leisten als ich, gibt es kein ›Heldentum‹, keine ›großen Taten‹, keine ›übermenschlichen Leistungen‹. Wir arbeiten einfach an der Erfüllung unserer Aufgaben.« So nüchtern, so bescheiden hat Robert Kronfeld sein Berufsethos umrissen, als man ihn 1932 um ein Vorwort für das ihm gewidmete Heft in der Reihe »Unsere Sporthelden« bat. Es ehrt seine Heimatstadt Wien, daß der Kulturausschuß des Gemeinderats mit Beschluß vom 2. September 1959 eine der Straßen im Bezirk Inzersdorf nach diesem wackeren österreichischen Sportsmann benannt hat.

Blut ist ein besonderer Saft

Karl Landsteiner

Damit keine Irrtümer aufkommen: Die Landsteinergasse im 16. Wiener Gemeindebezirk ist nicht nach dem Nobelpreisträger Karl Landsteiner benannt, nicht nach dem weltweit gefeierten Forscher und »Vater der Immunhämatologie«, sondern nach dem Kalenderdichter, Domprediger, Schulgeistlichen und Tierschutzfunktionär gleichen Namens. Ach ja, bisweilen kann sich unsere Weltstadt Wien schon sehr sehr provinziell gebärden.

Aber ist nicht dieser Dr. med. Karl Landsteiner überhaupt ein Schulbeispiel für groteskestes Mißverhältnis von persönlicher Leistung und öffentlicher Anerkennung?

Am 14. Juni 1868 kommt er als Sohn des »Presse«-Redakteurs Dr. jur. Leopold Landsteiner in Baden zur Welt. In Wien besucht er die Schule, hier studiert er Medizin, mit 23 ist er Doktor der gesamten Heilkunde. Doch das ist ihm zuwenig: An den Universitäten von München, Würzburg und Zürich belegt er auch noch das Fach Chemie, und schon während seiner Zeit als »Operationszögling« an der 1. Wiener Chirurgie und als Assistent am Institut für Hygiene zeichnet sich ab, wo in Zukunft sein Platz sein wird: in der Forschung.

Es ist Landsteiners fester Wille, die Wiener medizinische Schule, die sich schon so vieler umwälzender Erkenntnisse rühmen darf, um weitere Fortschritte zu bereichern. Und wo läßt sich krankhaften Veränderungen des Organismus und Möglichkeiten für deren Gegensteuerung besser auf die Spur kommen als beim Sezieren? Es ist also nicht nur Fleiß, wenn er es in den zehn Jahren am Pathologisch-Anatomischen Institut der Universität Wien auf die Rekordzahl von 3639 Leichenöffnungen bringt.

Was Landsteiner vor allem nicht ruhen läßt, ist die bis dato unterentwickelte Handhabung der Bluttransfusion: Immer wieder treten bei der Zufuhr von Spenderblut die ärgsten Kalamitäten auf. Da gelingt dem Dreiunddreißigjährigen eine Pioniertat, die ihm für alle Zeiten einen Ehrenplatz in der Geschichte der Medizin sichern wird: Er entdeckt die Blutgruppen A, B und 0. Und was noch wichtiger ist: Er entwickelt die entscheidende Technik, um der Natur das Geheimnis der individuellen Blutverschiedenheit zu entlocken. Ein winziger Spritzer nur, und Landsteiner kann dezidiert sagen, welcher Gruppe der betreffende Patient angehört. Resultat: Die Übertragung von Fremdblut ist von Stund an kein Vabanquespiel mehr, sondern steht auf gesichertem Fundament.

Auch in anderen Bereichen treibt Karl Landsteiner die medizinisch-chemische Forschung voran: Zur Bekämpfung der Kinderlähmung trägt er ebenso bei wie zur Eindämmung der Gelbsucht bei Neugeborenen, zur Kropfbehandlung ebenso wie zur Verfeinerung der Syphilis-Diagnose – und dies alles, notabene, neben seinem eigentlichen Brotberuf als Obduzent. Denn auch, als er 1908 vom Assistenten am Pathologisch-Anatomischen Institut der Universität Wien zum Leiter der Prosektur des Wilhelminenspitals aufsteigt, ist er weit von dem ihm gebührenden eigenen Lehrstuhl entfernt. Zwar wird er 1911 zum außerordentlichen Professor ernannt, doch die Position bleibt unbesoldet, und auch sonst liest sich die Biographie dieses außergewöhnlichen Mannes wie ein einziger Sündenkatalog der verantwortlichen Entscheidungsträger in seiner Heimat Österreich: Bei der Bewerbung um die Leitung der Prosektur in Triest fällt Landsteiner durch, und in Wien wird er mit 52 gar in die Frühpension abgeschoben. Vor allem aber: Für Forschungszwecke sind nach dem Zusammenbruch der Monarchie so gut wie keine Mittel vorhanden.

Sogar das tägliche Leben nimmt für Karl Landsteiner schmachvolle Züge an: Als ihm seine zwölf Jahre jüngere Frau Leopoldine geb. Wlasto, Tochter des Mesners der griechisch-orientalischen Kirchengemeinde zu St. Georg, im vorletzten Kriegsjahr einen Sohn schenkt, muß man sich auf dem kleinen Besitz in Purkersdorf, den er mit seiner Familie seit kurzem innehat, für den laufenden Milchbedarf eine Ziege anschaffen, und den Zaun, der das Anwesen einfriedet, reißen ihm Holzsammler aus der Nachbarschaft weg, denen es an Brennmaterial mangelt.

Es ist also pure Not, was ihn zu dem Verzweiflungsschritt veranlaßt, Österreich zu verlassen und sich anderwärts nach einem halbwegs angemessenen Fortkommen umzusehen. In einem katholischen Krankenhaus der niederländischen Hauptstadt Den Haag ist die Stelle des Prosektors frei. Hier stimmt es zwar nun mit dem Sold, auch das der Familie zur Verfügung gestellte Logis im Seebad Scheveningen ist eine nicht geringe Verlockung, doch sind für einen Forschergeist wie den seinen die Verhältnisse in Holland zu beengt und hausbacken, und so folgt Landsteiner zwei Jahre später einem Ruf ans Rockefeller-Institut in New York, wo er sich endlich ganz und gar der wissenschaftlichen Arbeit im eigenen Labor widmen kann.

Ganz und gar – das ist durchaus wörtlich zu nehmen: Obwohl sich sein Leben fortan mitten im Zentrum der Millionenstadt abspielt (Wohnadresse: Madison Avenue), verzichtet er auf Auto, Radio und Telephon – sie würden ihn

Mit 52 wider Willen in die Frühpension entlassen: Karl Landsteiner.
Zehn Jahre später empfängt er den Nobelpreis

nur bei der Arbeit stören. Wenn er vom Institut in die Wohnung heimkehrt, sitzt er auch dort über seinen Papieren – am Eßtisch des Speisezimmers. Apropos Essen: Für den Lunch genügt ihm meistens ein Apfel.

1929 nimmt Landsteiner für sich und die Seinen die amerikanische Staatsbürgerschaft an, und im Jahr darauf wird ihm für seine Forschungsarbeit, deren zentraler Erfolg, die Entdeckung der Blutgruppen, nun bereits drei Dezennien zurückliegt, der Nobelpreis für Medizin verliehen.

1940, als in der alten Heimat schon der Krieg die ersten Opfer fordert, die »Wiener Zeitung« durch den »Völkischen Beobachter« abgelöst wird und Baldur von Schirach sein Amt als Gauleiter von Wien antritt, macht Karl Landsteiner noch ein letztes Mal weltweit von sich reden: Mit Hilfe von Experimenten an Meerschweinchen und Affen gelingt ihm gemeinsam mit seinen Assistenten Philip Levine und Alexander Wiener die Entdeckung des Rhesus-

Faktors. Am 26. Juni 1943, zwei Wochen nach seinem 75. Geburtstag, stirbt Landsteiner; sein Leichnam wird von New York nach Massachusetts überführt und auf dem Friedhof seines Sommersitzes Nantucket bestattet.

In Österreich erinnert man sich seiner erst 18 Jahre später: Im Arkadenhof der Wiener Universität wird ihm eine Gedenkplakette gewidmet, und Fachkollege Paul Speiser schreibt die überfällige Landsteiner-Biographie. Seinen Zorn über die Unterlassungssünden, deren sich Österreichs Hochschulmedizin an einem ihrer größten Geister schuldig gemacht hat, kann Speiser nur schwer unterdrücken. Eines von vielen beschämenden Indizien: Landsteiner hat im Laufe seines Lebens eine große Zahl von Auszeichnungen empfangen, darunter Ehrendoktorate vieler Universitäten. Nur eines fehlt: das von Wien. Statt voll Stolz einen Nobelpreisträger aus den eigenen Reihen zu feiern, bestraft man ihn mit Neid. Erst mit Karl Landsteiners Porträt auf dem blauen Tausender der letzten Schilling-Banknotenserie ist Österreich bei der Neuordnung seines Pantheons einen wichtigen Schritt weitergekommen.

Pestarzt in China

Heinrich Jettmar

A uf Pestexpedition im Fernen Osten« – ein Buch dieses
Titels wird man in den einschlägigen Bibliographien
vergebens suchen. Der deutsche Großverlag, dem das
Manuskript angeboten wird, mag seinen Lesern derart
Grausiges nicht zumuten und lehnt das Projekt dankend
ab. Heinrich Jettmars Aufzeichnungen bleiben in der
Schreibtischlade und gehen mit dem Tod des Autors anno
1971 in Familienbesitz über. Erst als Jahre später die Ex-
perten der Österreichischen Gesellschaft für Chinafor-
schung, Gerd Kaminski und Else Unterrieder, darangehen, die Geschichte der Beziehungen der beiden Länder
aufzuarbeiten, erinnert man sich auch des Lebenswerkes
dieses hervorragenden Mediziners und widmet ihm in
dem 1000-Seiten-Band »Von Österreichern und Chinesen« ein eigenes Kapitel. Zwar ist »Auf Pestexpedition im
Fernen Osten« auch damit noch nicht publiziert, doch
schöpfen die Autoren mit klug gewählten Zitaten aus der
ihnen überlassenen Vorlage und runden ihren Bericht mit
Hilfe eigener Recherchen ab: ein Lebensbild, das eine von
vielen Lücken im Spectrum Austriae schließt.
Eigentlich ist es der Erste Weltkrieg, der für den Berufs-
weg des am 18. Juli 1889 in Wien als Sohn eines Gymnasi-
alprofessors Geborenen die Weichen stellt. Heinrich Jettmar ist gerade 25 geworden, als die ersten Schüsse fallen:
Er muß sein Medizinstudium kurz vorm Abschluß unter-
brechen, wird den Sanitätern zugeteilt und rückt ein. Auch

als er in russische Gefangenschaft gerät, kann er seinen
Dienst für Leben und Gesundheit der Kameraden fortset-
zen. Und da in Sibirien, wo er festgehalten ist, auch die
Versorgung der Einheimischen unter größten Mängeln
leidet, wird Jettmar von seinem Lager abgezogen und in
die Bakteriologische Versuchsstation von Transbaikalien
überstellt.

Die im Winter 1920/21 von der nahen Mandschurei über-
greifende Lungenpestepidemie wird seine erste große Bewährungsprobe, und er besteht sie so bravourös, daß die
oberste Sanitätsbehörde dem jungen Ausländer die Leitung ihrer Pestbekämpfungsabteilung überträgt. Nach
Wien kehrt Heinrich Jettmar nur zurück, um die noch aus-
ständigen Hochschulprüfungen abzulegen: Schon im Oktober 1922 ist der inzwischen zum Doktor der gesamten
Heilkunde Promovierte wieder im Fernen Osten und tritt
seinen Posten als Chefbakteriologe in der transbaikali-
schen Hauptstadt Werchne-Udinsk an.

Männer seines Könnens sind in dieser Weltgegend rar:
Auch der Nachbarstaat China wird auf den ehrgeizigen
jungen Österreicher aufmerksam. Dr. Wu Lien-teh, Leiter
des Pestverhütungsdienstes in der nördlichen Mandschurei, nimmt Heinrich Jettmar als Serologen in sein Team
auf: Er soll das medizinisch unterentwickelte Land berei-
sen und die Voraussetzungen dafür schaffen, daß die wieder und wieder unter den Tungusenvölkern ausbrechenden Seuchen eingedämmt werden.

Dr. Wu weiß aus eigener Erfahrung, wie schwierig das ist:
Das Sezieren von Pestleichen wird von den Eingeborenen
als mutwillige Verstümmelung und als frevlerischer Ver-
stoß gegen den althergebrachten Ahnenkult geahndet.
Aberglaube und die »Konkurrenz« gewissenloser Quack-
salber tun ein Übriges, den Erkenntnissen der modernen

Wissenschaft den Zugang zu verwehren. Hat nicht Dr. Wu selber, als er – noch zu Zeiten der chinesischen Monarchie – mit dem Verbrennen von Pestleichen begann, bei Hof um die dafür nötige Erlaubnis kämpfen, ja um von der berüchtigten Kaiserin Ci Xi in Audienz empfangen zu werden, sogar erst zum General befördert werden müssen?

Heinrich Jettmar ist doppelt gefährdet: Das Risiko der Ansteckung ist das eine, Widerstand und Feindseligkeit der Patienten das andere. Obwohl in schlimmen Zeiten die Todesrate mancherorts bis zu 40 Prozent der Bevölkerung ausmacht, finden Jettmar und sein Diener, mit Tragtieren von Dorf zu Dorf reisend, in vielen Häusern keinen Ein-

Pestarzt Heinrich Jettmars Kampf an zwei Fronten: einmal gegen die eigene Ansteckung und außerdem gegen den Widerstand der abergläubischen Eingeborenen

laß. Um so rasch wie möglich zu Impfstoff zu kommen, legt er nach der Sektion der Leichen eilends Pestkulturen an, gibt sie in einen Teekanister, nimmt diesen mit ins Bett und preßt ihn während des Nachtschlafs dicht an seinen Leib. Die Körperwärme soll das Wachstum der Mikroben beschleunigen.

Mit den Jahren weitet Jettmar seine Tätigkeit auch auf andere Regionen des Riesenreiches aus, wirkt bei der Cholera- und Malariabekämpfung mit, wechselt nach Zentralchina über, tritt eine Reihe hoher Posten in der alten Hauptstadt Nanking an. Nach einem kurzen Zwischenspiel in der Heimat, wo er – zuerst als Assistent, bald auch als Universitätsprofessor – am Wiener Hygiene-Institut wirkt, kehrt der inzwischen Neunundvierzigjährige 1938 abermals nach China zurück und unternimmt im Auftrag des Völkerbundes zahlreiche epidemiologische Expeditionen, bis schließlich ein Ruf an die medizinische Fakultät der Universität von Shanghai sein Lebenswerk krönt. Bakteriologie, Parasitologie und Hygiene sind die Fächer, in denen er die chinesischen Studenten unterweist.

Aber auch die Politik des Gastlandes läßt Heinrich Jettmar nicht unberührt: Schon während des »Langen Marsches« der kommunistischen Rebellen ist es zu einer Begegnung mit deren Anführer Mao Tse-tung gekommen; der spätere »Große Vorsitzende« läßt sich von seinem Audienzgast nicht nur über dessen Herkunftsland Österreich instruieren, sondern spannt ihn auch für eigene Zwecke ein: für die Rattenvertilgung in seiner Residenz …

Von China und seinen Menschen kommt Heinrich Jettmar nie wieder los – auch dann nicht, als er 1947 in die Heimat zurückkehrt und die Leitung des Hygiene-Instituts der Universität Graz übernimmt: Er ist unter den ersten, die sich im Nachkriegs-Österreich um den Kulturaustausch zwischen den beiden Staaten verdient machen. Mit der Jettmar-Milbe und dem Jettmar-Veilchen, zwei nach ihm benannten Funden aus den Jahren in Fernost, geht er in die Wissenschaftsgeschichte ein; Teile seiner umfangreichen botanischen und zoologischen Sammlungen hinterläßt er dem Naturhistorischen Museum in Wien.

Literaturnachweis

ZWISCHEN ALLEN STÜHLEN

Gordon Brook-Shepherd: Rudolf Slatin. Wien 1972
Hartwig A.Vogelsberger: Slatin Pascha. Graz 1992

EINE KOREANERIN AUS WIEN

Walter Fischer: Koreas erste First Lady stammt aus Österreich.
In: Kurier, Wien 15. 9. 1988
Pia Maria Plechl: Koreas First Lady ist eine gebürtige Wienerin.
In: Die Presse, Wien 28. 2. 1960
Bruno Seiser: Heimkehr aus einem abenteuerlichen Leben.
In: Kronen-Zeitung, Wien 26. 9. 1965

FÜR DREIZEHNLINDEN IN DEN TOD

Leopold Benesch: Dreizehnlinden. Linz 1947

DER KAMELIENMANN

Josef und Renée Gicklhorn: Georg Joseph Kamel S. J. Eutin 1954

»SIE HABEN UNGLAUBLICHES DURCHGESETZT!«

Hiltgund Jehle: Ida Pfeiffer. Münster 1989
Ida Pfeiffer: Eine Frau fährt um die Welt. Wien 1989

NIEMALS AUFGEBEN!

Martin Müller: Julius von Payer. Stuttgart 1956
Payer-Weyprecht-Gemeinde (Hrsg.): Österreich in der Arktis.
Wien 1949
Josef Stummvoll (Hrsg.): 100 Jahre Franz-Joseph-Land. Wien 1973

ISTO MAZA

Patty Frank: Der Zirkus, die Indianer, das Karl-May-Museum.
Bamberg-Radebeul 1998
Patty Frank: Ein Leben im Banne Karl Mays. Radebeul 1941
Patty Frank: Die Indianerschlacht am Little Big Horn. Berlin 1957
Wolfgang Seifert: Patty Frank. Bamberg-Radebeul 1998

DER BURGENLÄNDISCHE PATIENT

Ladislaus E.Almásy: Schwimmer in der Wüste. Innsbruck 1997
Michael Ondaatje: Der englische Patient. München-Wien 1993

MASSA SUILLING

Ernst A. Zwilling: Unvergessenes Kamerun. Berlin 1940
Ernst A. Zwilling: Tierparadies Ostafrika. Mödling 1959
Ernst A. Zwilling: Der Wildnis verfallen. Graz-Stuttgart 1991
Ernst A. Zwilling: Steppentage – Urwaldnächte. Vaduz 1998

LÖWIN ELSAS ZIEHMUTTER

George Adamson: Safari meines Lebens. Hamburg 1969
Joy Adamson: Frei geboren. Hamburg 1960
Joy Adamson: Löwin Elsa und ihre Jungen. Berlin 1961
Joy Adamson: Für immer frei. Berlin 1964
Joy Adamson: The Searching Spirit. Leicester 1978

DER KÄFER AUS DER KRONENSTRASSE 24

Kurt Huenninghaus: Magier des Automobils. München 1962
Peter Müller: Ferdinand Porsche. Graz 1965
Rudi Palla: Boxer im Heck, Glassturz in Sindelfingen.
In: Die Presse, Wien 25. 5. 1996
Herbert A. Quint: Porsche. Stuttgart 1951
Hugo Scholz: Herr seiner Welt. Augsburg 1962

GROSSONKEL DER WELTRAUMFAHRT

Hermann Oberth: Die Rakete zu den Planetenräumen.
München-Berlin 1923
Hermann Oberth: Menschen im Weltraum. Düsseldorf 1957
Hermann Oberth: Das Mondauto. Düsseldorf 1959

DIE MARSEILLAISE VON RUPPERSTHAL

W.H. Riehl: Musikalische Charakterköpfe. Stuttgart 1899
Philippe Parès: Qui est l'auteur de la Marseillaise? Paris 1974

»DA KANN MAN HALT NIX MACHEN …«

Louis P. Lochner: Fritz Kreisler. Wien 1957

UND DIE MUSIK SPIELT DAZU

Ludowica von Berswordt: Fred Raymond Werkverzeichnis.
Überlingen 1995
Bernd Ruland: Das war Berlin. Bayreuth 1972
Anton Würz (Hrsg.): Reclams Operettenführer. Stuttgart 1969

»KINDER, IHR MÜSST IN DIE WELT HINAUS!«

Maria Augusta Trapp: Die Trapp-Familie. Wien 1952
Maria Augusta Trapp: A Family on Wheels.
Philadelphia-New York 1959

»ICH KÜMMERE MICH UM JEDEN DRECK!«

Brecht-Zentrum (Hrsg.): Bertolt Brecht und Helene Weigel
in Buckow. Berlin 1977
Werner Hecht (Hrsg.): Helene Weigel zum 70. Geburtstag.
Berlin 1970
Sabine Kebir: Ein akzeptabler Mann? Köln 1989
Wolfgang Pintzka (Hrsg.): Die Schauspielerin Helene Weigel.
Berlin 1959
Vera Tenschert: Die Weigel. Berlin 1981
Klaus Völker: Bertolt Brecht. München 1976

NICHTS ALS DIE WAHRHEIT

Akademie der Künste der DDR (Hrsg.): Walter Felsenstein
1901–1975. Berlin 1975
Götz Friedrich: Walter Felsenstein. Berlin 1961

DER MANN, DER DIE CALLAS FEUERTE

Sir Rudolf Bing: 5000 Abende in der Oper. München 1973

TATTOO LADY

Roman Herle: Drei ziehen ins Burgtheater ein.
In: Film-Illustrierte, Wien 21. 7. 1940
Gusti Huber macht am Broadway Karriere. In: Linzer Volksblatt,
Linz 1952
Who was who in the theatre? Detroit 1978

DER DESPOT VON HOLLYWOOD

Jon Barna: Erich von Stroheim. Wien 1966
Maurice Bessy: Erich von Stroheim. München 1985
Richard Koszarski: The Man you loved to hate. Oxford 1983
Peter Noble: Hollywood Scapegoat. London

EROTIKA GEFÄLLIG?

Dieter Dürrenmatt: Fritz Lang – Leben und Werk. Basel 1982.
Walter Fritz: Kino in Österreich 1896–1930. Wien 1981
Adolf Heinzlmeier: Fritz Lang. Rastatt 1990
Cornelius Schnauber: Fritz Lang – Hollywood.
Wien-München-Zürich 1986
Michael Töteberg: Fritz Lang. Reinbek 1985

VOM LADENSCHWENGEL ZUM MEISTERREGISSEUR

Josef von Sternberg: Ich, Josef von Sternberg. Hannover 1967
Josef von Sternberg: Das Blau des Engels. München 1991

AUSTERLITZ ALIAS ASTAIRE

Fred Astaire: Steps in Time. New York 1959
Stanley Green: Starring Fred Astaire. New York 1973

MIT DEN WAFFEN EINER FRAU

Richard Brem/Theo Ligthart (Hrsg.): Hommage à Hedy Lamarr.
Wien 1999
Uwe Mattheiss: Nicht nur das Klavier hat 88 Tasten.
In: Süddeutsche Zeitung, München Juni 1999

DER KINDERSTAR VOM ALSERGRUND

Walter Fritz: Im Kino erlebe ich die Welt. Wien-München 1997

GOETHE NANNTE SIE SULEIKA

Bernard von Brentano: Goethe und Marianne von Willemer.
Kassel 1948
Freies Deutsches Hochstift (Hrsg.): Leben und Rollenspiel.
Frankfurt 1984
Carmen Kahn-Wallerstein: Marianne von Willemer – Goethes
Suleika. Bern-München 1961
Lilly Stepanek: Suleika. Wien 1960
Georg Wacha: Marianne Willemer, Goethes Suleika. Linz 1984

EIN AMERIKANER AUS ZNAIM

Eduard Castle: Der große Unbekannte.Wien-München 1952–1956
Curt Hohoff: Der einsame Rang des Charles Sealsfield.
In: Die Presse, Wien 15.6.1974
Alexander Ritter/Herbert Zeman (Hrsg.): Charles Sealsfield – Karl
Postl. Österreich, wie es ist. München 1997
Günter Schnitzler: Der deutsche Amerikaner. In: Neue Zürcher
Zeitung, Zürich 3. 3. 1993
Reinhard Urbach: Charles Sealsfield, der amerikanische
Österreicher. In: Salzburger Nachrichten, Salzburg 10. 3. 1973

BÜCHER, DIE WIE BÜCHER AUSSEHEN

Hans-Jürgen Sarfert: Der Büchernarr als Verleger.
In: Hellerau-Almanach 2. Dresden 1995
Joseph Caspar Witsch: Briefe 1948–1967. Köln 1977

ZWEI TEXTILHÄNDLERSTÖCHTER

Annemarie Selinko: Désirée. Köln-Berlin 1951
Annemarie Selinko: In: Munzinger Archiv 41/86
Christine Schmidjell: Annemarie Selinko. In: Österreicher der
Gegenwart. Wien 1951

DESERTION INS GROSSE GLÜCK

James M. Dennis: Karl Bitter. Architectural Sculptor. London
1967
Gerhart Hauptmann: Atlantis. Berlin 1912
Hans Kestranek: Karl Bitter. In: Kunst und Kunsthandwerk.
Wien 1920
Ferdinand Schevill: Karl Bitter. Chicago 1917

DIE PERSER DES NORDENS

Werner Sündram: Fischerteppiche. In: Ostsee-Zeitung, Rostock
14. 2. 1976

DIE AKROPOLIS VON DARMSTADT

Hessisches Landesmuseum (Hrsg.): Joseph Maria Olbrich:
Das Werk des Architekten. Darmstadt 1967
Ernst Schremmer: Joseph Maria Olbrich. Düsseldorf 1974

AUFTRAG FÜR MORGEN

Horst Christoph: Der Lebenswert. In: Profil, Wien 11. 10. 1999
Richard Neutra: Wenn wir weiterleben wollen …
Hamburg 1956
Richard Neutra: Auftrag für morgen. Hamburg 1962
Richard Neutra: Naturnahes Bauen. Stuttgart 1966

ORIENT EN GROS & EN DETAIL

André Rouvinez: Lehnert & Landrock. Orient 1904–1930.
Heidelberg 1998

DIE WELT DER BILDER

Ernst Haas/Hellmut Andics: Ende und Anfang. Wien 1986
Clyde A. Joyce: Wien war grau und braun. In: Wochenpresse.
Wien 1986
Erna Lackner: Mit einem unschuldigen Paß.
In: Kleine Zeitung, Graz 4. 5. 1985
Andreas Maleta: Lernen, spurenlos durch Schnee zu gehen.
In: Die Presse, Wien 8. 3. 1980

MIT DER »WIEN« ÜBER DEN ÄRMELKANAL

Norbert Adam: Österreichs Sportidole. Wien o. J.
Philipp Winter: Segelflieger Robert Kronfeld. Wien-Leipzig 1932
Mit der »Wien« über den Ärmelkanal. In: Das kleine Volksblatt,
Wien 14. 2. 1948

BLUT IST EIN BESONDERER SAFT

Paul Speiser: Karl Landsteiner. Wien 1975

PESTARZT IN CHINA

Gerd Kaminski/Else Unterrieder: Von Österreichern und
Chinesen. Wien 1980

Bildnachweis

Archiv Wolfgang Seifert: S. 59
Archiv »Die Presse«: S.111, 115
Bildarchiv der Österreichischen Nationalbibliothek Wien:
S. 19, 21, 29, 43, 49, 62, 69, 81, 102, 107, 123, 137, 147, 153, 158,
161, 165, 187, 197, 203, 221, 227, 238, 243, 249
Dr. Walter Fischer:S. 25
Edouard Lambelet Kairo: S. 231, 232
Alexander und Viktoria Haas: S. 237
Filmdokumentationszentrum Wien:S. 65, 77
Filmarchiv Austria:S. 171
Henschel Verlag, Archiv Willy Saeger: S. 130
Internationale Presse- und Bildagentur Votava Wien: S. 74, 99
Landesstudio Tirol: S. 32, 34
Museum der Hansestadt Greifswald: S. 217
Privat: S. 78, 83, 87, 92, 133, 143, 145, 179, 181, 183, 191, 192,
195, 204, 209, 210, 213, 253

In einzelnen Fällen konnte der Verlag die Inhaber an den
reproduzierten Bildern nicht ausfindig machen. Er bittet, ihm
bestehende Ansprüche mitzuteilen.